FACULTÉ DE DROIT [illegible]

DROIT ROMAIN

DE LA PERPÉTUITÉ DES OBLIGATIONS

ET DE LA RÈGLE

AD TEMPUS DEBERI NON POTEST

DROIT FRANÇAIS

DES DROITS DE LA FEMME

EN CAS DE FAILLITE DU MARI

THÈSE POUR LE DOCTORAT

Présentée et soutenue le jeudi 18 décembre [illegible] à 2 heures [illegible]

PAR

Maurice COQUELIN

Avocat à la Cour d'appel de Paris

PARIS

L. LAROSE ET FORCEL

Libraires-éditeurs

22, rue Soufflot, 22

18[illegible]

THÈSE

POUR LE DOCTORAT

3774

8° F
3624

TOURS, IMPRIMERIE ROUILLÉ-LADEVÈZE

FACULTÉ DE DROIT DE PARIS

DROIT ROMAIN

DE LA PERPÉTUITÉ DES OBLIGATIONS

OU DE LA RÈGLE

AD TEMPUS DEBERI NON POTEST

DROIT FRANÇAIS

DES DROITS DE LA FEMME

EN CAS DE FAILLITE DU MARI

THÈSE POUR LE DOCTORAT

Présentée et soutenue le Jeudi 18 décembre, à 2 heures 1/2

PAR

Maurice COQUELIN

Avocat à la Cour d'appel de Paris

Président : M. GARSONNET

Suffragants { MM. RATAUD, RENAULT, } professeurs. ESMEIN, agrégé.

655 54

PARIS

L. LAROSE ET FORCEL

Libraires-Éditeurs

22, RUE SOUFFLOT, 22

1884

A MON PÈRE

A MA MÈRE

DROIT ROMAIN

DE LA PERPÉTUITÉ DES OBLIGATIONS

OU DE LA RÈGLE

AD TEMPUS DEBERI NON POTEST

Les obligations sont perpétuelles ; elles ne meurent pas de vieillesse, suivant une expression que j'emprunte au *Précis de droit romain* de M. Accarias. Tel est le sens d'une règle ancienne rapportée dans les *Institutes* au sujet d'une obligation de prestations annuelles et viagères : *ad tempus deberi non potest.* (L. III, tit. XV, § 3.) Mais au temps de Justinien, les mots *obligations perpétuelles*, *actions perpétuelles* avaient perdu leur signification primitive, car une constitution impériale célèbre, parue un siècle auparavant, avait limité à trente ans la durée de ces obligations et de ces actions. Le nom ancien fut conservé dans la langue juridique, comme le prouvent les *Institutes*, mais il changea de sens et signifia *action trentenaire*.

C'est en me reportant aux temps anciens, à l'époque du droit classique, où florissaient les grands jurisconsultes et où régnait la procédure formulaire, que je vais essayer, après avoir indiqué l'origine de la règle, d'en déterminer l'étendue, de montrer son application aux obligations pures et simples, à terme et conditionnelles, et de signaler les tempéraments que le droit prétorien y a apportés, jusqu'à son abolition définitive par la Constitution de Théodose.

I. — Origine de la règle

Au *Digeste*, on trouve ce texte du juriconsulte Paul : *Placet etiam ad tempus obligationem constitui non posse : non magis quam legatum; nam quod alicui deberi cœpit, certis modis desinit deberi* (l. 44, *D.*, XLIV, 7). Le motif de la règle est donc que les seuls modes d'extinction des obligations sont ceux qui ont été déterminés par le droit civil.

D'après les *Institutes*, ces modes sont au nombre de quatre : le *payement* proprement dit, qui consiste dans la prestation de la chose promise ou dans l'exécution du fait convenu ; la *novation*, qui est la substitution d'une nouvelle dette à l'ancienne, et qui s'opère soit par le changement du débiteur ou du créancier, soit par l'addition ou la suppression d'une modalité ; l'*acceptilatio*, qui consiste dans un payement fictif, accompagné d'interrogations et de réponses conformes à celle de la stipulation, sauf le renversement des rôles ; enfin le *contrarius consensus*, le mutuel dissentiment, qui ne s'applique qu'aux obligations *ex consensu*. Cette nomenclature n'est pas complète, car les obligations s'éteignent également par la perte de la chose due, par la confusion, etc. Mais le temps n'est jamais admis comme pouvant entraîner contre un créancier la perte de son droit. Le texte de Paul, qui explique la règle et la confirme, n'en indique pas cependant l'origine, qu'il faut chercher ailleurs. On la trouve plutôt dans ce vieil adage rapporté par Gaius (l. 100, *D.*, L, 17) : *Omnia, quæ jure contrahuntur, contrario jure pereunt*, ce qui exprime que les obligations ne peuvent s'éteindre que de la manière dont elles ont été créées. C'est par une application de ce principe que les obligations *verbis* sont les seules qui puissent s'éteindre par l'*acceptilatio,* les obligations *ex consensu* par le *contrarius consensus*. Ce sont les seuls vestiges de cette règle qui aient subsisté jusqu'à Justinien, mais on peut affirmer, d'après de nombreux témoignages, qu'elle avait anciennement une portée beaucoup plus étendue. C'est ainsi qu'à l'époque de Gaius les obligations contractées *per æs et libram* s'éteignaient encore *per æs et libram* (G., III, § 173 à 175), et, si l'on remonte plus loin encore, au temps de Tite-Live et de Cicéron, les obligations contractées en cette forme ne pouvaient s'éteindre sans que l'on eût recours aux mêmes solennités ; même un payement réel ne libérait pas le débiteur. (Tit. Liv., VI, 14. — Cic., *De lege*, II, 21.) Ce qui achève la démonstration, c'est un texte de Pomponius, qu'il faut regarder comme l'expression du droit ancien, car il n'est plus exact à l'époque où écrivait ce jurisconsulte : *Prout quidque contractum est, ita et solvi debet.* (L. 80, *D.*, XLVI, 3.) — La règle *ad tempus deberi non potest* apparaît comme une conséquence de ce principe. Puisque le temps ne crée pas les obligations, il doit être impuissant à les anéantir. S'il n'use pas le lien de droit, *vinculum juris*, celui-ci doit durer éternellement, jusqu'à ce qu'il ait été rompu par un des modes prévus par la loi. — On verra combien la logique des anciens jurisconsultes a poussé loin l'application de cette règle ; mais on ne s'en étonnera pas, si l'on se rappelle le formalisme étroit qui a longtemps dominé la législation romaine.

II. — Étendue de la règle

Elle s'étend généralement à toutes les obligations qui prennent leur source dans le *jus civile*, mais elle ne s'applique pas aux contrats consensuels ni aux obligations qui en dérivent. Ainsi le louage est consenti ordinairement pour un certain temps, et il prend fin *ipso jure* par la seule échéance du terme convenu; de même la vente peut être faite sous certaines conditions qui entraînent sa résolution; de même encore le mandat et la société finissent après un temps déterminé. — Cette dérogation a sa raison d'être dans le mode de formation de ces contrats.

Dans tous les contrats, le consentement est nécessaire, mais il ne suffit pas, en général, pour les rendre obligatoires; ce qui leur donne ce caractère, ce sont certaines formes solennelles ou bien certains actes matériels qui les accompagnent. C'est ainsi que le contrat *verbis* n'est parfait que par des interrogations suivies de réponses concordantes, émises d'après des formules consacrées, dont le type est : *Spondesne ?* — *Spondeo.* Le contrat *litteris* ne fait naître des *nomina transcriptitia* qu'à la condition que le père de famille inscrive ses créances sur le *codex*, en certaine forme déterminée. Enfin le *mutuum* exige le transfert de la propriété de la chose, et le commodat, le dépôt, le gage sont subordonnés à la transmission, non de la propriété, mais de la détention de la chose, qui fait l'objet du contrat.

Par exception, la vente, le louage, le mandat et la société ont été affranchis de toute formalité. On a admis qu'ils sont parfaits et obligatoires par le seul consentement des parties, *ex solo consensu*. C'est une grave dérogation aux principes, car le consentement, quand il n'est pas entouré de formes matérielles, n'est qu'un simple pacte, incapable de produire ni obligations ni actions : *Ex pacto actio neque nascitur, neque tollitur* (l. 6, *D.*, II, 14); mais par privilège spécial, ces quatre pactes ont été érigés en contrats.

Or, du moment où il était admis que ces pactes étaien obligatoires, la logique commandait qu'ils pussent être dissous comme ils avaient été formés, par un consentement mutuel donné dans un pacte accessoire au pacte principal. Ce pacte *adjoint*, c'est celui qui fixe la durée de la convention, ou bien la condition à laquelle est subordonnée sa dissolution : *Hoc amplius, eæ obligationes, quæ consensu contrahuntur, contraria voluntate dissolvuntur* (l. III, *Instit.*, XXIX, § 4); ou encore : *Prout quidque contractum est, ita et solvi debet. Æque cum emptio et venditio, vel locatio contracta est : quoniam consensu nudo contrahi potest, etiam dissensu contrario dissolvi potest.* (Pomponius, l. 80 *D.*, XLVI, 3.)

Mais quelle influence cette dissolution du contrat a-t-elle sur les obligations, qui sont nées de son exécution? Elle n'en a aucune, et ces obligations sont soumises à la règle commune de perpétuité. Ainsi, à l'expiration du louage, si le *couductor* n'a pas acquitté la *merces*, il continue à la devoir indéfiniment jusqu'au payement; si la vente a été résolue après que la chose a été livrée et le prix payé, l'*emptor* et le *venditor* ont l'un et l'autre des actions perpétuelles pour obtenir la restitution, celui-là du *pretium*, celui-ci de la *res*. Mêmes solutions à l'égard des obligations qui ont pris naissance dans l'exécution d'un mandat ou d'une société.

Il y a donc une distinction à faire entre les obligations nées du contrat, c'est-à-dire du consentement des parties, qui disparaissent avec la cause qui les a engendrées, et, d'autre part, les obligations qui sont nées postérieurement de son exécution ; celles-ci ne doivent pas leur origine au seul consentement, puisqu'il s'y est joint des faits postérieurs ; un consentement ne suffit donc pas pour les mettre à néant. Dès lors elles subsistent malgré la dissolution du contrat et sont perpétuelles.

Les obligations mises à la charge d'un héritier au profit d'un légataire sont soumises à la même règle que les obligations contractuelles : *Placet etiam ad tempus obligationem constitui non posse : non magis quam legatum.* (Paul, l. 44, *D.*, XLIV, 7.) *Quia nec tempore... aut conditione finiri obligatio heredis legatorum nomine potest.* (Pomponius. l. 55, *D.*, XXX, 1.)

Mais si absolue que soit cette règle, le droit civil lui-même y a fait plusieurs exceptions :

1° D'après la loi Furia, qui est de l'année 659 de Rome, et peut-être d'une date antérieure, l'action *ex stipulatu* contre les *sponsores* et les *fidepromissores*, n'excède pas deux années (G., III, § 121), et le point de départ du *biennium* est le moment de l'échéance de la dette, non celui où elle a été contractée. Cette loi, qui déroge sur une autre point au droit commun, en décidant que l'action ne pourra pas être exercée contre leurs héritiers, a eu sans doute pour but de prévenir les troubles populaires, qu'occasionnaient la multiplicité des dettes et l'inflexible rigueur des créanciers. Ce qui rend vraisemblable cette conjecture, c'est qu'elle ne fut jamais applicable qu'en Italie, et fut rendue à une époque où ces troubles étaient les plus fréquents et les plus dangereux.

Mais elle n'atteignit pas son but, parce que la même faveur ne fut pas accordée au *fidejussores*, dont l'obligation était perpétuelle et transmissible.

2° Le *prœjudicium*, établi par la loi *Cicereia*, ne peut être exercé par les *adpromissores* que dans les trente jours, qui suivent leur promesse. (G., III, § 123.)

3° L'action en restitution contre les héritiers d'un magistrat concussionnaire est limitée à un an par la *lex Julia repetundarum*, qui consacre une autre exception au droit civil, en permettant d'exercer une action pénale contre les héritiers du délinquant. (L. 2, *D.*, XLVIII, 11.)

4° L'action d'injures ne dure qu'une année, le silence du créancier étant considéré comme une remise tacite de l'offense. Un texte d'Ulpien nous apprend qu'elle est *tempore abolita* (l, 17, § 6, *D.*, XLVII, 10); c'est une constitution de Dioclétien et Maximien qui nous fait connaître la longueur du délai (l. 5, *C.*, IX, 35) : *injuriarum actio est annuo tempore prœscripta.*

Cette action, au temps des jurisconsultes, a cessé d'être une action civile pour devenir une action prétorienne, sauf dans les cas prévus par la loi Cornélia. Mais le préteur, qui s'est borné à édicter de nouvelles peines sans créer de nouveaux délits, n'a pas dû changer la durée de l'action ; c'est ainsi qu'il a fait pour l'action *furti manifesti*, qui est toujours restée perpétuelle.

5° La *querela inofficiosi testamenti* a été limitée d'abord à deux ans, ensuite à cinq ans, parce qu'elle a le caractère d'une action d'injures. (L. 16, *C.*, III, 28.) Suivant Modestin, le point de départ du délai est le décès ; suivant Ulpien, l'adition d'hérédité. L'opinion d'Ulpien est consacrée par Justinien (l. 36, § 2, *C.*, *eod. tit.*), qui exige en même temps que l'héritier prenne parti dans le délai de six mois, s'il est domicilié dans la province ; sinon, dans l'année.

On peut aussi considérer comme dérogatoires à la règle les actions qui s'éteignent par la mort de celui qui en est investi, comme l'action d'injures, la *querela inofficiosi testamenti;* ou par la mort de celui contre lequel elles peuvent être intentées, comme les actions pénales. (L. 3, § 1, *D.*, L, 17.) On leur conteste à la vérité ce caractère, parce que c'est la mort du créancier ou du débiteur, et non le temps seul, qui entraîne l'extinction de la dette; mais dans le cas d'une obligation contractuelle, la mort de l'une des parties ne produit pas le même effet, et laisse subsister le lien de droit au profit ou à la charge des héritiers, même quand la volonté formelle des parties a été de le briser par cet événement. Il me semble donc que l'intransmissibilité active ou passive de certaines actions constitue bien réellement une exception à la règle, déterminée par le caractère exclusivement personnel de ces actions.

Une autre dérogation ne résulte-t-elle pas des effets de la péremption d'instance ?

En droit français, quand l'instance est périmée, le droit subsiste, à moins qu'il ne soit lui-même éteint par la prescription ; le créancier peut donc introduire une nouvelle demande. En droit romain, la *litis contestatio* opère une sorte de novation, par la substitution d'un droit nouveau au droit ancien. Ce droit nouveau s'éteint lui-même, quand l'instance n'a pas été suivie de jugement dans un certain délai ; après l'expiration de ce délai, le créancier ne peut plus agir, parce que son droit originaire est éteint par la *litis contestatio*, et son droit nouveau périmé ; il est repoussé par l'exception *rei in judicium deductæ*. La péremption de l'instance entraîne donc la perte du droit lui-même. Le délai de la péremption varie suivant qu'il s'agit des *judicia legitima* ou des *judicia imperio continentia*. Pour les premiers, il est de dix-huit mois ; pour les seconds, il est subordonné à la durée des fonctions du magistrat, qui a délivré la formule. Plus tard, dans les provinces de l'empereur, il a été fixé d'une manière invariable à une durée égale à celle des *judicia legitima*.

La *litis contestatio* produit donc un double effet. Les actions perpétuelles deviennent temporaires ; le créancier, qui conserve indéfiniment le droit d'agir, s'il n'a pas exercé l'action, perd ce droit, si, l'instance engagée, il n'obtient pas un jugement dans un certain délai. A l'inverse, les actions temporaires sont ordinairement prolongées ; le délai de la péremption remplace celui de la prescription, qui ne peut plus s'accomplir après que le droit a été porté en justice. Tel est le sens de la règle : *Omnes actiones, quæ tempore pereunt, semel inclusæ judicio, salvæ permanent.* (L. 139, pr., *D. L.*, 17.)

Voici, selon moi, la conclusion qu'il en faut tirer ; si la péremption d'instance ne constitue pas une véritable dérogation à la règle *ad tempus*, tout au moins elle en atténue singulièrement les effets, puisque tout droit porté en justice subit une transformation, qui le rend susceptible de s'éteindre par l'écoulement d'un laps de temps.

III. — Application de la règle aux obligations pures et simples, à terme, conditionnelles.

Obligations pures et simples. — Quand aucune modalité n'affecte ni la formation d'une obligation, ni son exécution, elle est dite *pura*. Exemple : *Quinque aureos dare spondes ? — Spondeo.* Si le promettant ne paye pas les cinq sous d'or, le stipulant peut immédiatement former une demande en justice ; mais s'il ne le fait pas, son droit ne périclite pas, et il peut le faire valoir à perpétuité, soit contre celui qui s'est obligé, soit contre ses héritiers.

Il n'y a en cela rien de contraire à la volonté des parties et à l'équité, car celui qui s'oblige est toujours censé avoir eu l'intention de payer ; mais il peut arriver qu'après un temps très long, le débiteur ait perdu la preuve de sa libération, ou bien que l'absence prolongée de réclamation ait pour cause la remise de la dette faite par le créancier, etc.

Dans ces divers cas, comment le débiteur peut-il se mettre à l'abri d'une condamnation ?

Une distinction doit être faite entre les actions *bonæ fidei* et les actions *stricti juris*. S'agit-il d'une demande rentrant dans la première catégorie, le juge, qui doit consulter toutes les circonstances de la cause et statuer *ex bona fide*, peut rejeter la réclamation, si, par suite du long temps écoulé, elle lui paraît empreinte de mauvaise foi : *In judiciis bonæ fidei exceptiones insunt*.

Mais s'il s'agit d'une action *stricti juris*, le juge n'a pas la même latitude, et dès qu'il reconnaît l'exactitude de l'*intentio*, il doit condamner, car l'obligation n'a pas cessé d'exister d'après le droit civil. Mais pour ce cas, le préteur vient au secours du défendeur, en lui procurant une exception, au moyen de laquelle il pourra, sans détruire l'obligation, en paralyser les effets : c'est ou bien une exception, *pacti conventi*, si le promettant peut justifier soit d'une remise de la dette, soit de toute autre convention entraînant renonciation aux poursuites, ou bien une exception *doli mali*, si les circonstances démontrent que la réclamation est faite de mauvaise foi. Mais il est nécessaire que le défendeur fasse insérer dans la formule l'exception, sur laquelle le juge aura à statuer.

Obligations a terme. — Le terme est une modalité qui affecte l'exécution d'une obligation. Quelquefois il l'ajourne a une époque déterminée ou indéterminée ; exemple : *Decem aureos primis calendis Martiis dare spondes ?* Dans ce cas il est suspensif, et l'obligation est dite contractée *ex die* ou *sub die*. Quelquefois il fixe une époque, où l'exécution cessera ; c'est le terme extinctif, et l'obligation est réputée faite *ad diem*. Il est à remarquer que, dans l'un et l'autre cas, l'obligation prend naissance du jour du contrat ; c'est un caractère commun aux deux termes.

Si le terme est suspensif, comme dans l'exemple cidessus, l'exécution ne peut pas avoir lieu avant les calendes de mars, et toute action est refusée au créancier jusqu'au lendemain de l'échéance, car le jour de l'échéance appartient tout entier au débiteur, d'après la règle : *Dies termini computatur in termino*. Mais une fois le terme arrivé, l'obligation devient *pura*, et rentre dans le droit commun.

Mais si l'obligation a été contractée *ad diem*, elle subit l'influence de la règle *ad tempus* du jour de sa formation. C'est que si l'on donnait effet à ce terme, on reconnaîtrait par là même que le temps peut suffire pour éteindre une obligation. Ou bien il fallait annuler cette obligation comme faite en violation de la règle de perpétuité, ou bien il fallait considérer le terme comme non avenu et réputer l'obligation *pura*. C'est ce dernier parti qui a prévalu ; les mots *ad calendas* ont été retranchés, et l'obligation temporaire est devenue perpétuelle. Mais le préteur, qui a vu dans ces deux mots retranchés l'expression d'un pacte *de non petendo*, a fourni au débiteur les exceptions *pacti conventi* ou *doli mali*, grâce auxquelles contrairement à la décision admise pour le cas où les prestations annuelles sont dues en vertu d'un contrat, l'équité l'emporte sur la rigueur des principes. (Paul, l. 44, *D.*, XLIV, 7.)

C'est ainsi que théoriquement le principe du droit civil a pu subsister sans engendrer des iniquités, par suite de l'intervention du préteur, secourable à l'intention des parties et à la bonne foi.

Quoique les Romains n'aient pas connu le contrat de rente viagère, dont le nom n'existe pas dans leur langue, ils ont pratiqué un contrat analogue, par lequel le promettant s'oblige à fournir des prestations périodiques au stipulant jusqu'à la mort de celui-ci, ou jusqu'à l'arrivée d'un événement incertain. Exemple : *Decem aureos annuos quoad vivam dare spondes ?*

A quel moment s'arrête l'obligation du débiteur ? Si l'on avait décidé que la mort du créancier y met fin, on eût admis que le temps peut faire cesser une obligation, ce qui eût été contraire à la règle. La logique commandait plutôt de supprimer les mots *quoad vivam*, et de rendre l'obligation perpétuelle. C'est ce qui a été décidé. En effet, après avoir rapporté l'hypothèse ci-dessus, le texte des *Institutes* ajoute : *Pure facta obligatio intelligitur et perpetuatur, quia ad tempus deberi non potest.* (L. III, t. XV, § 3.) — Justinien prend soin de mentionner le correctif prétorien : *Sed heres petendo pacti exceptione submovebitur.*

Ce qui peut néanmoins surprendre, c'est la différence des solutions admises dans deux cas fort semblables. Un testateur impose à son héritier la charge de fournir à un légataire des prestations périodiques, en ces termes : *Heres meus damnatus esto dare Titio decem aureos annuos quoad is vivet.* Titius mourant, l'obligation de l'héritier cesse pour les années postérieures au décès,

Pourtant, comme je l'ai démontré plus haut avec des textes, la règle *ad tempus* s'applique aux legs. D'où vient cette divergence ? Pomponius la signale en ces termes: *Stipulatio hujusmodi; in annos singulos, una est, et incerta, et perpetua : non quemadmodum simile legatum morte legatarii finiretur.* (Pomp., l. 16, *D.*, XLV, 1.) Il y a donc entre la stipulation et le legs une différence essentielle : c'est que la stipulation est une, tandis que le legs est multiple. Quand il s'agit d'un legs, les diverses annuités sont distinctes les unes des autres et forment l'objet d'autant de legs successifs ; le premier pur et simple, et les autres réputés faits sous la condition suspensive : *si Titius vit encore. Cum in singulos annos legatur, non unum legatum esse, sed plura constat.* (Ulpien, l. 10, *D.*, XXXVI, 2.) *Si in singulos annos alicui legatum sit, Sabinus (cujus sententia vera est) plura legata esse ait, et primi anni purum, sequentium conditionale: videri enim hanc inesse conditionem, si vivat, et ideo, mortuo eo, ad heredem legatum non transire.* (Paul, l. 4, *D.*, XXXIII, 1.) Mais pourquoi n'avoir pas appliqué la même fiction à la stipulation, qui comprend également diverses annuités, et qui paraît susceptible d'une même décomposition ? Pourquoi n'y avoir pas vu autant de créances distinctes, dont la première serait pure et simple et les autres conditionuelles? « Très « probablement, répond M. Accarias, c'est par un excès de « formalisme qu'on fut conduit à rejeter ce point de vue ; « il ne parut pas possible qu'une seule et même formule « engendrât des créances de nature différente (1). »

Dans les legs, au contraire, où la volonté du testateur a plus d'empire, et où elle se manifeste seule, sans l'in-

(1) *Précis de droit romain*, II. p. 277.

tervention du légataire, c'est l'équité qui a prévalu sur la rigueur du droit.

De cette différence d'interprétation découlent deux conséquences signalées par Pomponius: 1° Le legs prend fin par la mort du légataire, tandis que la stipulation subsiste malgré la mort du stipulant. Comme la *diei cessio* des legs conditionnels ne s'opère qu'au moment où la condition se réalise, le légataire mort avant cette époque ne transmet rien à ses héritiers ; on ne transmet pas un droit qui n'est pas né, et, par conséquent, la règle *ad tempus* ne reçoit aucune atteinte. Dans la stipulation, au contraire, les dix sous d'or promis par an ne sont que les arrérages d'une créance unique, dont l'importance est indéterminée; or, comme une créance ne s'éteint pas avec la mort du créancier, celle-ci survit au profit des héritiers, qui peuvent indéfiniment réclamer les annuités, sauf l'exception prétorienne.

2° Le legs est *certum*, puisqu'il a autant de legs que d'annuités, et que le montant de chaque annuité est déterminé; tandis que la stipulation est *incerta*, car on ignore combien il y aura de prestations à fournir. L'importance de cette distinction est relative aux règles de la procédure. Le légataire procède par voie d'une *condictio certi* et ne compromet pas, en exerçant cette action, son droit aux annuités futures. Le stipulant, au contraire, qui agit par une *condictio incerti*, doit craindre, après une première demande, d'être empêché d'en former une seconde. En effet, la formule de l'*intentio* dans une action *incerta* est: *Quidquid paret dare facere oportere*, ce qui comprend la totalité du droit qui se rattache à la cause indiquée dans la *demonstratio*. De là il résulte que si le stipulant, à qui il n'était dû qu'une seule annuité lors de sa demande, veut plus tard former une demande nouvelle pour une annuité postérieure, il vient se heurter contre l'exception *rei in judicium deductæ*.

Pour écarter cet obstacle, il doit avoir soin de faire insérer dans la formule une *præscriptio*, ayant pour objet de limiter la *deductio in judicium* à une partie du droit et de restreindre dans la même mesure l'effet extinctif de la *litiscontestatio*. Cette *præscriptio* a sa place particulière en tête de la formule, d'où lui vient son nom (*præ scribere*); en voici la teneur: *Ea res agatur, cujus rei dies fuit.* (Gaius, IV, § 131.)

Ainsi, dans l'hypothèse que j'examine, la procédure doit être surveillée avec soin, car elle fait courir des dangers au créancier et au débiteur. Il y a danger pour le promettant de payer ce qu'il a cessé de devoir, s'il ne fait pas insérer dans la formule l'exception, qui va paralyser l'exercice du droit. Il y a danger pour le stipulant, qui a recours à justice pour une annuité non payée, de ne pas pouvoir en réclamer une autre, s'il omet de faire circonscrire sa première demande par une *præscriptio*.

Mais que doit-on décider, si la stipulation est relative à un capital déterminé, fractionné en plusieurs parties, payables en un certain nombre de termes ? Il y a autant de créances *certæ* qu'il y a de termes, et chaque échéance peut donner lieu à une *conditio certi*. Par conséquent, si le stipulant réclame un terme de trop, le débiteur n'a pas besoin d'exception pour paralyser la demande, puisqu'il peut établir que l'*intentio* n'est pas *justa*. Il faut même admettre que, chaque fois que des prestations périodiques doivent s'arrêter à une époque fixe, comme si quelqu'un stipule dix sous d'or par an pendant dix ans, la règle *ad tempus* est sans application; car c'est comme s'il avait stipulé cent sous d'or payables en dix fois, soit dix sous d'or par an.

Si le légataire meurt au cours d'une année, ses héritiers ont-ils droit aux arrérages de l'année entière?

Pour qu'un legs devienne exigible et par suite transmissible aux héritiers du légataire, il faut et il suffit que son *dies cedens* arrive, quand ce dernier est encore vivant et capable. Or le legs de prestations annnuelles et viagères se divise en autant de legs distincts qu'il y a annuités, le premier pur et simple, les autres conditionnels ; le *dies cedens* de chacun des legs se place au commencement de chaque année. (L. 12, § 1, *D.*, XXXVI, 2.) Il suffit donc que le légataire soit vivant à cette époque, pour qu'il ait droit au legs et transmette son droit à ses héritiers. (L. 5 et 22, *D.*, XXXIII, 1.) Ainsi, dès que l'année est commencée, l'annuité entière est due.

En est-il de même à l'égard des prestations annuelles dues par suite d'une stipulation? Il semble que les héritiers, demandant une annuité entière, quand leur auteur est mort avant que l'année soit complètement révolue, devraient être repoussés par l'exception *pacti conventi*, pour ce qui correspond à la portion de l'année qui a suivi le décès. Pourtant la solution contraire paraît résulter d'un texte de Julien (l. 56, § 4, *D.*, XLV, 1), d'après lequel le créancier peut réclamer immédiatement la première prestation ; d'où il faut conclure que l'échéance est au commencement de chaque année.

Obligations conditionnelles. — Il y a deux espèces de conditions : l'une, qui tient en échec l'obligation, dont elle subordonne la formation à un événement futur et incertain ; exemple : *Si Titius consul factus fuerit, quinque aureos dare spondes?* C'est la condition suspensive. L'autre, qui fait dépendre d'un événement futur et incertain la durée de l'obligation, dont l'exécution a commencé ; exemple : *Centum dare spondes, nisi navis ex Asia venerit?* Ce n'est pas le droit qui est conditionnel, c'est son extinction ; c'est la condition que nous appelons résolutoire.

La condition suspensive n'est pas atteinte par la règle *ad tempus,* car si l'événement prévu n'arrive pas, l'obligation est non avenue; ou bien, si la condition se réalise, l'obligation se trouve dès ce moment soumise aux mêmes règles que si elle avait été contractée *pura.*

Quant à la condition résolutoire, elle est incompatible avec le principe de la perpétuité des obligations. En effet l'obligation est parfaite du jour de la stipulation; mais elle prend fin, quand le navire revient d'Asie. En réalité, la condition résolutoire ne diffère du terme extinctif, que parce que celui-ci est un événement certain, celle-là un événument incertain. Donc cette condition doit être considérée comme non avenue, pour la même raison que le terme extinctif, et l'obligation réputée *pura.* C'est ce qui a été reconnu. *Conditio vero efficax est quæ in constituenda obligatione inseritur; non quæ post perfectam eam ponitur; veluti: centum dare spondes nisi navis ex Asia venerit? Sed hoc casu existente conditione, locus erit exceptioni pacti conventi vel doli mali.* (L. 44, § 2, *D.*, XLIV, 7.)

Mais cette règle n'est pas applicable à tous les contrats : ainsi une vente peut être faite sous condition résolutoire. Les clauses les plus usitées sont : l'*in diem addictio,* par laquelle le vendeur se réserve le droit de vendre la chose à toute autre personne, qui, dans un délai donné, lui offrirait des conditions meilleures de prix, de terme, de garanties, etc. (L. 1, *D.*, XVIII, 2,); la *lex commissoria,* qui lui donne le droit de résoudre la vente, si le prix n'a pas été payé dans un délai déterminé. (L. 1

et 2, *D.*, XVIII, 3.) ; le pacte de réméré, qui l'autorise à résoudre le contrat et à se faire restituer la chose, sous la seule charge de rendre lui-même le prix qu'il aura reçu, (L. 2, *C.*, IV, 54.) ; le *pactum displicentiæ*, qui permet à l'acheteur de demander la résolution, si la chose cesse de lui convenir dans un délai déterminé ou indéterminé. (L. 3, *D.*, XVIII, 1. — L. 2, § 5, *D.*, XLI, 4.) Dans tous ces cas, quand le vendeur ou l'acheteur use de la clause stipulée à son profit, la vente, qui était parfaite *ab initio*, est anéantie.

Les contrats consensuels autres que la vente, louage, mandat, société, peuvent également être faits sous condition résolutoire. J'en ai déjà donné le motif, qui se trouve dans la règle : *Ex obligationes, quæ consensu contrahuntur, contraria voluntate dissolvuntur*. Qu'est-ce, en effet, qu'une condition résolutoire ajoutée à un contrat, sinon une dissolution conditionnelle de ce contrat par un consentement contraire à celui qui l'a formé ?

Dans les autres contrats, *re*, *verbis* ou *litteris*, les obligations subsistent *jure civili*, malgré l'événement de la condition, mais le préteur accorde au débiteur l'exception de pacte ou l'exception de dol.

Dans les legs, la condition résolutoire est sans effet, quand elle limite la durée de l'obligation, à moins que celle-ci ait pour objet des prestations périodiques, comme dans l'exemple suivant : *Heres meus damnatus esto dare Titio decem aureos annuos, donec is consul fiat.* Cette obligation prend fin, quand la condition se réalise, comme par l'arrivée d'un terme ; c'est une différence que j'ai déjà signalée à propos du terme entre le legs et la stipulation.

Mais quand la condition résolutoire affecte l'existence même du legs, elle n'est pas dépourvue d'effet ; on l'interprète alors comme une condition suspensive. Ainsi le legs révoqué sous condition : *Si Titius consul fiat*, est réputé fait sous la condition suspensive inverse de celle à laquelle est subordonnée sa révocation : *Si Titius consul non fiat*. Par suite son *dies cedens* est retardé jusqu'à la défaillance de la condition, et toutes les conséquences de la *diei cessio* ne se produisent qu'à cette époque. *Si legatum pure datum Titio adimatur sub conditione, et pendente conditione Titius decesserit : quamvis conditio defecerit, ad heredem Titii legatum non pertinebit : nam legatum cum sub conditione adimitur, perinde est, ac si sub contraria conditione datum fuisset.* (Julien, l. 10, *D.*, XXXIV, 4. — Florentin, l. 14, *eod. tit.*)

On trouve ainsi moyen d'attribuer un certain effet à la condition résolutoire, sans violer le principe de perpétuité, en subordonnant l'existence même du legs à la défaillance de la condition.

Quel est l'effet de la condition accomplie ?

S'il n'y a pas encore eu d'exécution, le contrat est anéanti : s'agit-il d'une vente, res *inempta fit;* et par conquent les obligations réciproques sont éteintes, comme si elles n'avaient jamais existé. Si l'une des deux parties exerce néanmoins des poursuites, l'autre pourra se borner à lui opposer l'exception *pacti conventi*.

Mais s'il y a eu exécution, l'accomplissement de la condition produit le même effet que l'arrivée du terme. Le contrat est anéanti pour l'avenir, non pour le passé : ainsi, en matière de louage, le preneur doit tous les termes échus durant sa jouissance.

Il n'en est pas de même en matière de vente, où la résolution oblige chacune des parties à remettre l'autre dans la même position que si le contrat n'avait pas eu lieu. Ainsi l'acheteur est tenu de restituer la chose vendue *cum fructibus et omni causa*, y compris les dommages-intérêts par lui dus, *si deterior fundus effectus sit facto ejus*. Le vendeur est tenu, par une juste réciprocité, de rembourser le prix avec les intérêts, en y ajoutant les impenses nécessaires et utiles. A cet effet, l'exception *pacti conventi* est insuffisante, une action est nécessaire. Celle qui se présente naturellement, c'est la *condictio sine causa*, fondée sur ce que la cause de la délivrance et du payement, c'est-à-dire le contrat, a cessé d'exister. (L. 1, § 2, *D.*, XII, 7.) Vu l'insuffisance de cette action, l'école Sabinienne accorde au vendeur et à l'acheteur les actions *empti* et *venditi*, en considérant la condition résolutoire comme un pacte adjoint *in continenti* à une vente pure et simple. Mais les Proculiens, objectant non sans raison, qu'une vente résolue ne peut plus servir de support à un pacte, et qu'il est illogique d'exercer les actions dérivant du contrat de vente, pour faire décider que ce contrat n'existe pas, leur refusent ces actions ; toutefois, comme ils ne veulent pas les laisser désarmés, ils leur accordent l'action *præscriptis verbis*. Il résulte des rescrits de Septime-Sévère et de Caracalla, et plus tard d'Alexandre-Sévère, que l'une et l'autre actions ont fini par être admises indifféremment. (L. 4, pr., *D.*, XVIII, 3. — L. 2, *C.*, IV, 54.)

Dans le cas où la vente est résolue, la propriété fait-elle retour au vendeur *ipso jure ?* Si cette question ne rentre pas directement dans mon sujet, elle y touche de si près que je ne puis la passer sous silence.

Il paraît certain qu'à l'époque classique le droit de propriété ne peut pas être limité quant à sa durée, il est perpétuel. Par conséquent la propriété ne peut pas être transférée *ad tempus* ou *ad conditionem ;* une aliénation est nulle, lorsqu'elle contient la clause que le droit fera retour à l'aliénateur après un certain délai ou par l'arrivée d'un certain événement (l. 26, *C.*, VI, 37. — § 283, *Fragm. Vatic.*); tandis que dans les obligations, c'est le terme et la condition qui sont réputés non avenus. Ce principe étant admis, le vendeur, qui a fait résoudre le contrat, ne peut pas exercer une action en revendication puisqu'il a été dessaisi à jamais de son droit de propriété.

A défaut de la revendication, il a bien des actions personnelles, pour obliger l'acheteur à lui rétrocéder ce droit ; mais, comme le fait observer M. Accarias, ces actions ne lui permettent pas de poursuivre sa chose entre les mains des sous-acquéreurs, ni de faire tomber les droits réels dont elle a été grevée depuis l'aliénation. D'ailleurs, si l'acquéreur est insolvable, les moyens de contrainte deviennent illusoires. Pour faire sortir le vendeur de cette situation fâcheuse, on a imaginé de tenir la translation de propriété pour résolue de plein droit en même temps que la vente. La théorie nouvelle a été proposée d'abord par Marcellus et Ulpien, dans l'hypothèse de l'*in diem addictio*. (L. 4, § 3, *D.*, XVIII, 2. — L. 41, pr., *D.*, VI, 1.) — Il est douteux qu'elle ait été immédiatement étendue à tous les cas de résolution de la vente ; mais ce qui paraît certain, c'est qu'elle a été généralisée par Justinien, qui a validé les aliénations faites *ad tempus*. (L. 2, *C.*, VIII, 55.)

IV. — Droit prétorien

Papinien définit le droit prétorien en ces termes : *Jus prætorium est quod prætores introduxerunt, adjuvandi, vel supplendi, vel corrigendi juris civilis gratia, propter utilitatem publicam.* (L. 7, § 1, *D.*, I, 1.)

Les moyens dont s'est servi le préteur pour remplir cette mission sont les exceptions et les actions. Les exceptions sont des moyens de défense qui, reconnus justes, ne détruisent pas la force de l'*intentio*, car ils n'en impliquent pas la fausseté, mais qui en paralysent l'effet. Elles doivent être proposées *in jure* et expressément insérées dans la formule, sinon, la preuve n'en est pas recevable. Quant aux actions d'origine prétorienne, les unes sont créées par imitation du droit civil, les autres par dérogation à ce droit. En fondant ainsi un droit parallèle, quelquefois contraire au droit civil, le préteur n'a pas commis une usurpation sur le pouvoir législatif, dont il est lui-même un des organes. A Rome, où la séparation des pouvoirs n'était pas exactement déterminée, comme elle l'est chez nous par la Constitution, il était naturel que le magistrat chargé d'appliquer la loi eût la faculté de développer les principes qu'elle contenait, de combler ses lacunes et de corriger au besoin ses dispositions, lorsqu'elles étaient contraires à l'équité, pour la mettre en harmonie avec les mœurs nouvelles et les besoins de la cité.

Comme la règle *ad tempus* aboutissait à des conséquences contraires à la volonté des parties et à l'intérêt social, le préteur a cherché à en tempérer la rigueur ; mais il s'est borné à en atténuer les effets dans la pratique, tout en la laissant subsister théoriquement. D'une part, il a conféré, comme je l'ai dit, les exceptions *pacti conventi* ou *doli mali* au débiteur poursuivi après l'arrivée du terme ou de la condition résolutoire. De l'autre, il a créé des actions temporaires.

C'est un texte des *Institutes* qui enseigne que les

actions d'origine prétorienne sont le plus souvent annales, tandis que les actions du droit civil sont presque toujours perpétuelles :

Hoc loco admonendi sumus, eas quidem actiones, quæ ex lege, senatusve consulto, sive ex sacris constitutionibus proficiscuntur, perpetuo solere antiquitus competere; donec sacræ constitutiones tam in rem quam in personam actionibus certos fines dederunt; eas vero quæ ex propria prætoris jurisdictione pendent, plerumque intra annum vivere. (*Inst.*, L. IV, tit. XII, pr., Gaius, IV, § 110.)

Justinien en donne pour motif, que le pouvoir du préteur était lui-même restreint à une année : *Nam et ipsius prætoris intra annum erat imperium.* Mais ce motif est loin d'être exact, car il est certain qu'une action, qui avait pris naissance vers la fin d'une année de magistrature, survivait aux fonctions du magistrat qui était alors en charge. Ce qui est vrai, c'est qu'à l'origine, l'autorité de chaque édit expirait avec les fonctions du magistrat qui l'avait rendu, de sorte qu'en pure théorie, l'exercice des actions créées par cet édit devait finir avec lui ; mais, en fait, les dispositions principales de l'édit étant presque toujours les mêmes, le créancier n'avait guère à craindre un changement de législation. Du jour où le droit prétorien fut définitivement consacré dans l'*edictum perpetuum* d'Adrien, les actions prétoriennes acquirent la même certitude que les actions civiles.

Si le motif donné par Justinien était exact, l'année pendant laquelle les actions pourraient être exercées serait toujours une année continue, comme celle qui détermine la durée des pouvoirs du préteur; or l'on sait que, pour la plupart des actions prétoriennes, l'année dont il s'agit est une année utile. Une autre conséquence serait que toutes les actions prétoriennes seraient annales ; la suite du texte nous apprend au contraire qu'il y en avait de perpétuelles : *Aliquando tamen et in perpetuum extenduntur, id est usque ad finem ex constitutionibus introductum : quales sunt eæ quas bonorum possessori, ceterisque qui heredis loco sunt, accommodat. Furti quoque manifesti actio, quamvis ex ipsius prætoris jurisdictione proficiscatur, tamen perpetuo datur. Absurdum enim esse existimavit anno eam terminari.* (*Inst.*, *eod. loco.* — Gaius, IV, § 111.) Mais ce texte est vague, et ne permet pas d'établir une distinction générale.

Un texte de Paul, qui rapporte une décision de Cassius, pose la règle d'une manière plus précise : *In honoriis actionibus sic esse definiendum Cassius ait, ut quæ rei persecutionem habeant : hæ etiam post annum darentur, cæteræ intra annum.* (L. 35, pr., D., XLIV, 7.) Les actions qui tendent simplement à la réparation d'un dommage sont perpétuelles ; les autres, c'est-à-dire les actions pénales, sont annales. Cela est absolument vrai des actions pénales, à l'exception toutefois de l'actiou *furti manifesti*, qui est perpétuelle. Il est facile d'en trouver le motif : c'est parce que le préteur, en créant de nouveaux délits, a accru les rigueurs du droit civil, qu'il a limité dans un bref délai l'exercice des actions. Et ce qui le prouve, c'est que, lorsqu'il a usé de son pouvoir pour adoucir le droit civil, en substituant une peine pécuniaire à la peine capitale, comme dans l'action *furti manifesti*, il a laissé à l'action sa perpétuité. — Mais la décision rapportée par Paul est trop absolue, en ce qui concerne les actions *quæ rei persecutionem habent* ; un des exemples qu'il cite, prouve que ces actions ne sont pas toutes perpétuelles, et la raison qu'il donne à l'appui de cette exception : *quia contra jus civile datur*, fournit les éléments d'une distinction générale et rationnelle, qui n'a pas été formulée par les jurisconsultes, mais par les interprètes du droit romain. Les actions *rei persecutoriæ* sont perpétuelles ou annales, selon qu'elles imitent le droit civil ou le combattent.

Ainsi sont perpétuelles : les actions utiles que le préteur accorde au *bonorum possessor* et au *bonorum emptor*, ou contre eux, parce qu'ils sont assimilés aux véritables héritiers (*Instit.*, *loc. cit.* — Paul, *D.*, *loc. cit.*) ; et en général, toutes les actions utiles que le préteur confère dans un des cas analogues à ceux prévus par le droit civil.

Sont annales : la *restitutio in integrum* et l'action Paulienne, qui ont l'une et l'autre pour objet de faire rescinder des actes valables d'après le droit civil ;

Les actions *redhibitoria* et *quanti minoris*, au moyen desquelles l'acheteur peut faire annuler des marchés régulièrement faits, parce que l'objet vendu est infecté de vices, qui le rendent impropre à l'usage auquel il est destiné, ou qui en diminuent considérablement la valeur. La première dure seulement six mois, la seconde un an, du jour où l'acheteur a connu ou pu connaître les vices (1).

Mais il y a des actions par lesquelles le préteur se borne à compléter le droit civil, sans l'imiter ni le com-

(1) La même distinction s'applique aux actions réelles. Ainsi l'action Publicienne, *quæ ad exemplum vindicationis datur*, est perpétuelle (Paul, l. 35, *D.*, XLIV, 7) ; tandis que la *rei vindicatio* et l'action Publicienne, *cum rescissa usucapione dantur*, sont annales. (*Inst.*, IV, tit. VI, § 5. — Paul, *eod. loc.*) La première vient en aide au droit civil, les autres lui font échec.

battre ; quelle en est la durée? Le texte de Paul ne résout pas la question, mais l'étude de ces actions conduit à reconnaître que la perpétuité est encore la règle. Ainsi l'action de *jurejurando*, les actions *adjectitiæ qualitatis* sont perpétuelles. — Il en est de même des actions *in factum*, qui sont accordées contre l'auteur du dol ou de la violence, qui n'a point été poursuivi dans l'année utile, et contre ses héritiers ou ceux qui le représentent, pour obtenir la réparation du dommage, parce que ces actions n'ont plus un caractère pénal.

Il y a pourtant des exceptions : l'action *constitutæ pecuniæ* est annale, du moins dans certains cas que la loi 2, pr, *C.*, IV, 18, ne nous fait pas connaître : *et neque in omnibus casibus longæva esset constituta, sed in speciebus certisa nnali spatio concluderetur*. La loi 1 (*eod. tit.*) nous apprend seulement que cette limitation ne s'appliquait pas au *constitutum debiti alieni*.

L'action *de peculio*, qui est perpétuelle tant que dure l'état de choses qui lui a donné naissance, devient annale du jour où le pécule a cessé par la mort du fils de famille ou de l'esclave, par l'adoption ou l'émancipation du fils, par l'aliénation ou l'affranchissement de l'esclave. (L. 1, §§ 1 à 4, *D.*, XV, 2.)

En résumé, les actions qui imitent le droit civil ou le complètent, sauf de rares exceptions, sont perpétuelles ; celles qui le contredisent sont annales.

Quel en est le motif ? Est-ce que le préteur avait des pouvoirs moins étendus, quand il corrigeait le droit civil, que quand il s'en faisait l'auxiliaire ? Cela ne paraît pas admissible : sa juridiction était une, et la puissance législative, dont il était investi, ne variait pas suivant la nature des actions. Aucun obstacle légal ne s'opposait donc à ce qu'il créât l'action perpétuelle, quand il l'a faite annale. Ce qui est vrai, c'est qu'il a été plus timide, quand il s'est agi de heurter le droit civil, et que, tout en ayant osé l'enfreindre, il a voulu renfermer ses innovations dans les plus étroites limites.

Questions. — 1° Le délai dans lequel doivent être exercées les actions temporaires se compose-t-il de jours continus ou seulement de jours utiles ? Et d'abord que faut-il entendre par ces expressions ? *Utile tempus*, c'est le délai d'où l'on retranche tous les jours pendant lesquels le créancier n'a pu agir, par suite d'une impossibilité légale ou matérielle : *in quibus experiundi non potestas fuit*. Ce qui constitue l'impossibilité légale, ce sont les *dies nefasti*, au nombre de soixante environ, pendant lesquels la juridiction est interdite ; il faut y ajouter les *dies festi*, qui, venant en concours avec les *dies fasti*, *comitiales*, *intercisi*, diminuent encore le nombre des jours où le magistrat rend la justice. Cette distinction des jours a disparu assez tôt ; à l'époque de Marc-Aurèle, il n'y a plus que deux classes de jours, les *dies feriati*, et les *dies judiciarii*, au nombre de deux cent soixante, qui composent l'année judiciaire, ce que les auteurs appellent *rerum actus*. (Gaius, II, § 279.) Quant à l'impossibilité matérielle, elle résulte de l'absence pour le service de l'État, de la démence, de l'ignorance absolue et excusable. *Dies continui*, c'est le délai ininterrompu, sans défalcation d'aucun jour.

Aucun texte ne résout la question d'une manière générale, mais dans un grand nombre de cas particuliers, rapportés au *Digeste*, l'année ne comprend que des jours utiles. Il en est ainsi, notamment, pour les actions *redhibitoria* et *quanti minoris*. (l. 19, § 6, *D.*, XXI, 1), *de dolo malo* (l. 3, *C.*, II, 21), *paulienne* (l. 6, § 14, *D.*, XLII, 8), *de peculio* (l. 1, § 2, *D.*, XV, 2).

Faut-il étendre cette règle à toutes les actions prétoriennes ? J'incline à le croire, et en voici le motif ; le délai de la prescription étant déjà très court, il ne fallait pas l'abréger encore, en y comprenant les jours où le créancier était dans l'impossibilité d'agir ; car il lui serait arrivé souvent de perdre son action, avant d'avoir pu l'exercer.

En est-il de même des actions temporaires du droit civil ? Deux raisons m'engagent à admettre que les délais sont continus. La première, c'est le silence des textes, dans lesquels il n'est pas exprimé, que ces délais ne comprennent que des jours utiles. La seconde, c'est que le motif, qui a porté le préteur à ne compter dans l'année que les jours où le plaideur peut former sa demande, n'existe pas avec la même force pour les actions civiles, à l'égard desquelles le délai est ordinairement plus long.

On peut expliquer ainsi un passage de l'édit, inséré au *Digeste* dans un fragment d'Ulpien (l. 1, § 1, *D.*, IV, 6), duquel il ressort que la *restitutio in integrum* est accordée aux majeurs de vingt-cinq ans, qui n'ont pu agir parce qu'ils étaient captifs ou absents pour le service de l'État, ou parce que leur débiteur était absent ou captif. D'où l'on conclut que la prescription a couru contre eux, bien qu'ils n'aient pu agir ; sans quoi, il n'eût pas été nécessaire de leur donner la *restitutio in integrum*. Il y a donc des actions pour lesquelles le délai est continu ; mais lesquelles ? le texte ne le dit pas, et l'on peut supposer que ce sont précisément les actions temporaires du droit civil.

Pourtant il y a doute sur le point de départ du *biennium*

de la loi Furia. Deux textes du *Digeste*, l'un de Javolenus (l. 4, *D.*, XLIV, tit. 3), l'autre de Venuleius (l. 25, *D.*, XLV, 3), prévoyant la même hypothèse, où un esclave héréditaire ou l'esclave d'un captif aura reçu des fidéjusseurs (*fidejussores acceperit, satis acceperit*), décident, l'un, que le délai de la satisdation doit courir sur-le-champ (*continuo dies satisdationis cedere incipiet*), l'autre, qu'il ne doit être compté qu'à partir du moment où le créancier a pu agir, c'est-à-dire à partir de l'adition d'hérédité ou du retour du captif (*ex quo agi cum eis potuerit, id est, ex quo adeatur hereditas, aut postliminio dominus revertatur*). On a pensé que Justinien a altéré ces textes, qui devaient se rapporter à l'engagement d'un *sponsor* ou d'un *fidepromissor*, puisque l'obligation d'un *fidejussor* était imprescriptible, et l'on a cherché à les concilier. M. Machelard est d'avis que cette conciliation est impossible, et qu'il vaut mieux regarder l'opinion de Venuleius comme étant celle qui a fini par prévaloir ; il vivait plus d'un siècle après Javolenus. D'après cette opinion, le *biennium* de la loi Furia est suspendu jusqu'à ce que le créancier ait pu agir.

2° L'extinction *tempore* s'opère-t-elle *ipso jure* ou seulement *per exceptionem ?* Sous le système formulaire, cette question offre un grave intérêt de procédure : le moyen tiré de l'expiration du délai doit-il être inséré dans la formule, pour que le juge ait le droit d'en connaître? La prescription est une fin de non-recevoir qui tend à faire obtenir par le débiteur sa libération, sans que le titre de la dette soit contesté. Ainsi l'*intentio* pourrait être juste, et pourtant la *condemnatio* ne serait pas prononcée; la prescription n'est donc qu'une véritable exception, derrière laquelle le débiteur trouve un abri contre la poursuite de son créancier. Il est dès lors rationnel d'admettre que le débiteur, toutes les fois qu'il s'agit d'une action *stricti juris*, doit faire insérer dans la formule l'exception *temporis*, pour que le juge soit appelé à décider, si l'action est éteinte par suite du temps écoulé. C'est la solution qui est donnée par les textes relativement à l'action *de peculio : Si annua exceptione sit repulsus a venditore creditor* (l. 30, § 5, *D.*, XV, 1), à l'action d'injures : (*Cum injuriarum actio annuo tempore præscripta sit* (l. 5, *C.*, IX, 35), à l'interdit *quod vi aut clam : Nam, causa cognita, annuam exceptionem remittendam* (l. 15, § 5, *D.*, XLIII, 24), et cette énumération n'est pas limitative.

Cependant la règle n'est pas absolue, et l'on peut induire d'un texte d'Ulpien qu'il existe des cas où l'extinction s'opère *ipso jure*, ce qui signifie qu'elle pourra être proposée devant le juge comme une défense au fond, sans avoir été insérée dans la formule : *Etsi alia actio tempore finita sit, hanc* (*actionem de dolo malo*) *competere non debere; sibi imputaturo eo, qui agere supersedit; nisi in hoc quoque dolus malus admissus sit, ut tempus exiret.* (L. 1, § 6, *D.*, IV, 3.) Le créancier, qni a laissé s'écouler le délai de la prescription, peut exercer l'action de dol, s'il ne doit pas imputer son inaction à sa propre négligence, mais à la fraude de son débiteur. On sait que l'action de dol est une action subsidiaire, qui ne peut être exercée qu'à défaut de toute autre action ou exception. Si l'action du contrat n'était pas éteinte *ipso jure*, le créancier pourrait l'exercer; et si le débiteur lui opposait l'exception *temporis*, il en triompherait par la réplique de dol. Puisqu'il doit recourir à l'action *doli*, c'est que son action primitive est absolument éteinte. Malheureusement le texte n'énonce pas quelle est cette action. Ne serait-ce pas l'action contre les *sponsores* et les *fidepromissores*, qui, d'après l'opinion généralement admise, s'éteint *ipso jure* au bout de deux ans, parce que la prescription a son fondement dans une loi proprement dite. L'analogie de motif conduirait à dire que toute action temporaire du droit civil doit s'éteindre *ipso jure*, à l'expiration du délai, pendant lequel elle peut être intentée; mais cette conclusion serait inexacte, puisque l'action d'injures s'éteint *per exceptionem*. Tout ce qu'on peut affirmer, à cause de la divergence de ces solutions, c'est qu'en principe, à l'égard des actions prétoriennes, l'extinction par l'effet du temps n'a lieu que par voie d'exception.

Encore cette formule est-elle inexacte, du moins à l'origine ; il faut dire que ce moyen de défense doit être proposé sous forme de *præscriptio*, d'où lui vient son nom. Les *præscriptiones* ressemblent aux exceptions, en ce qu'elles ne contredisent pas directement l'*intentio*, et peuvent être justes sans que l'*intentio* soit inexacte: mais elles en diffèrent dans la forme, par la place qu'elles occupent en tête de la formule, et au fond, parce qu'elles constituent des fins de non-recevoir, qui, si elles sont vérifiées, rendent l'examen de l'*intentio* inutile (*ea res agatur, si*). Mais au temps de Gaius, toutes les *præscriptiones* ayant été converties en exceptions, la *præscriptio temporis* est devenue, au fond comme dans la forme, une véritable exception. Voilà pourquoi dans les textes de l'époque classique qui nous sont parvenus, le terme ancien a presque entièrement disparu.

Sous la procédure extraordinaire, la distinction du *jus* et du *judicium* est abolie, et avec elle la distinction des exceptions et des moyens de défense; si l'on conserve encore à certains moyens le nom d'exceptions, ce n'est que par une ancienne habitude de langage, mais cette expression ne révèle aucune différence au fond. L'exception *temporis* peut donc être invoquée, comme les autres moyens de défense, en tout état de cause.

V. — Abolition de la règle par la Constitution de Théodose

C'est en l'année 424 que l'empereur Théodose le Jeune a rendu une Constitution par laquelle il a décidé que les actions, qui jusque-là étaient perpétuelles, se prescriraient désormais par trente ans : *Sicut in rem speciales, ita de universitate ac personales actiones ultra triginta annorum spatium minime protendantur : Sed si qua res vel jus aliquod postuletur, vel persona qualiscumque actione, vel persecutione pulsetur : nihilominus erit agenti triginta annorum præscriptio metuenda.* (L. 3, *C.*, VII, 39. —L. unic., *C. Th.*, IV, 14.) Quant aux actions, qui étaient auparavant limitées par un temps plus court, il n'en a pas changé la durée : *Hæ autem actiones annis triginta continuis extinguantur, quæ perpetuæ videbantur, non illæ quæ antiquis temporibus limitabantur.* Une exception a été faite en faveur de l'action hypothécaire, qui est restée perpétuelle, lorsque le bien hypothéqué est demeuré entre les mains du débiteur ou de ses héritiers. C'est ce qui ressort à contrario du paragraphe suivant : *Eodem etiam jure in ejus persona valente, qui pignus vel hypothecam non a suo debitore, sed ab alio per longum tempus possidente nititur vindicare.*

Le délai de trente ans court du jour, où l'action a pu être exercée : *Ex quo jure competere cœperunt;* et il est continu, sans défalcation des jours fériés, ni du temps pendant lequel le créancier a été absent, ou retenu par le service militaire : *Non sexus fragilitate, non absentia, non militia contra hanc legem defendenda*. Pourtant la prescription est interrompue, si le débiteur a été traduit en justice : *Nisi allegato sacro rescripto, aut in judicio postulatione deposita, fuerit subsecuta per executorem conventio*. Le rescrit impérial et le *libellus conventionis*, ou requête adressée au magistrat, n'interrompent la prescription que lorsqu'ils ont été signifiés au défendeur par le ministère d'un huissier (*executor litium*). — La prescription est suspendue pendant l'impuberté du créancier : *Sed pupillari ætate duntaxat* (*quamvis sub tutoris defensione consistat*) *huic eximenda sanctioni*.

Telle est en substance cette constitution célèbre, qui a introduit dans la législation romaine un droit nouveau. L'innovation n'a pas consisté dans la création d'une règle nouvelle, puisque depuis fort longtemps il existait des actions temporaires, les unes appartenant au droit civil, les autres d'origine prétorienne ; mais elle a consisté à ériger en règle ce qui était l'exception, et à faire entrer le temps parmi les modes réguliers d'extinction des obligations. On peut dire que cette réforme était déjà dans les sentiments de tous les jurisconsultes, puisque beaucoup d'efforts avaient été faits par eux pour atténuer les effets de l'ancienne règle, mais l'honneur reste à Théodose, d'avoir su conformer la législation aux exigences des mœurs.

Plusieurs constitutions postérieures, dont les principales appartiennent à Anastase, à Justin et à Justinien, ont ou modifié, ou complété la réforme de cet empereur.

Anastase a édicté une prescription de quarante ans, pour toutes les actions qui pouvaient échapper à la prescription trentenaire; mais en même temps il a décidé, que les actions contre les décurions, et celles du fisc pour le recouvrement des impôts, seraient perpétuelles. (L. 4, 5 et 6, *C.*, VII, 39.)

Justin a réduit à quarante ans l'action hypothécaire contre le débiteur ou ses héritiers, qui ont conservé le fond engagé. Il a rappelé, comme chose certaine, que la prescription ne peut être comptée, lorsqu'il s'agit d'une obligation conditionnelle, que du moment de l'accomplissement de la condition. Il a ajouté plusieurs autres décisions importantes, d'après lesquelles : 1° si le débiteur a donné à son créancier une nouvelle promesse écrite, la prescription ne commence à courir que de la date du second titre ; 2° si l'obligation a pour objet des prestations à fournir chaque année, chaque mois, ou à toute autre époque déterminée, la prescription commence à courir, non pas du jour où l'obligation a été contractée, mais du jour où elle cesse d'être remplie ; 3° la prescription ne court pas au profit de celui qui détient à titre précaire. (L. 7, *C.*, VII, 39.)

Justinien a établi que la prescription, à l'égard des contrats usuraires, ne courrait que du moment où les intérêts ne sont pas payés, et il a prolongé jusqu'à quarante ans le délai de la prescription, pour les actions portées en justice. (L. 8 et 9, *C.*, VII, 39.)

De cette analyse il ressort que l'abolition de l'ancienne règle n'a pas été complète, puisque certaines actions sont demeurées perpétuelles. Si, d'ailleurs, on rapproche de ces constitutions quelques autres documents législatifs, que j'aurai l'occasion de citer, on reconnaît que, si la prescription trentenaire est devenue le droit commun, cette règle elle-même est soumise à de nombreuses exceptions. Il y a, d'abord, toutes les anciennes actions temporaires, d'origine civile ou prétorienne, auxquelles il n'a pas été apporté de changement. Il y a, en outre, dès actions dont la prescription exige plus de trente ans ; il y en a d'autres qui sont perpétuelles.

Je n'ai pas à revenir sur les actions temporaires, dont j'ai indiqué les principales, mais il importe de spécifier celles qui appartiennent aux deux autres catégories.

ACTIONS PRESCRIPTIBLES PAR PLUS DE TRENTE ANS. — 1° *Action hypothécaire* contre le débiteur qui a gardé la possession du bien engagé, ou contre ses héritiers. — Cette action, demeurée perpétuelle sous la Constitution de Théodose, a été limitée à quarante ans par Justin : *Quamobrem jubemus hypothecarum persecutionem, quæ rerum movetur gratia, vel apud debitores consistentium, vel apud debitorum heredes, non ultra quadraginta annos, ex quo competere cœpit, prorogari.* (L. 7, § 1, *C.*, VII, 39.) L'action hypothécaire survivait donc à l'action personnelle ; je dirai plus loin comment on a été amené à en conclure que la prescription de l'action laissait subsister une obligation naturelle.

Le créancier pouvait exercer l'action hypothécaire pendant quarante ans, non seulement quand le bien grevé était entre les mains du débiteur, mais aussi quand il se trouvait entre celles d'un créancier d'un rang inférieur, tant que le débiteur vivait encore, parce que ce créancier d'ordre inférieur était censé représenter le débiteur et posséder pour lui. (§ 2, *eod. loc.*) Mais dès la mort du débiteur, le créancier postérieur étant alors réputé posséder en son nom, c'était la prescription de trente ans qui devenait applicable, la date du décès marquant le point de départ de cette prescription. Que si le créancier voulait ajouter à sa possession depuis le décès, celle qu'il avait eue auparavant, et celle du débiteur, c'était seulement la prescription de quarante ans qu'il pouvait invoquer. — Cette prescription était aussi la seule que le créancier hypothécaire pouvait opposer au créancier d'ordre inférieur, qui lui offrait de le désintéresser, pour être subrogé dans ses droits. (§ 3, *eod. loc.*)

2° *Actions introduites en justice.* — La péremption d'instance, qui produisait un effet plus rapide et aussi étendu que la prescription, avait disparu avec les *judicia legitima vel imperio continentia*, et avec le système de la procédure formulaire. Les actions portées en justice, qui n'avaient pas abouti à un jugement, bénéficiaient de la règle : *Actiones quæ tempore pereunt, semel inclusæ judicio, salvæ permanent.*

La Constitution de Théodose décidait, dans un passage qui a été retranché par Justinien, qu'une instance serait éteinte, lorsque, dans les trente ans à partir de la *litis contestatio*, elle n'aurait pas abouti à un jugement. (L. unic., § 1, *C. Th.*, IV, 14.)

Justinien a séparé nettement la péremption d'instance et la prescription de l'action, qui paraissent confondues dans la Constitution de Théodose. L'instance non suivie est périmée par un laps de trois années (L. 13, § 1, *C.*, III, 1, *de jud.*) ; mais la péremption de l'instance n'entraîne plus comme autrefois, la perte de l'actiont L'action survit, car il n'y a que la procédure qui soi. anéantie, et la durée de cette action est de quarante ans, à partir du dernier acte de la procédure : *Ex quo novissima processit cognitio, postquam utraque pars cessavit.* (L. 9, *C.*, VII, 39.)

Pour que ce résultat se produise, une citation en justice ne suffit pas ; il est nécessaire qu'il y ait un débat devant le juge : *Judiciariis certaminibus ventilatis* (l. 9, *eod. loc.*) ; *exceptis omnibus actionibus, quæ in judicium deductæ sunt, et cognitionalia acceperunt certamina, et postea silentio traditæ sunt.* (L. 1, § 1, *C.*, VII, 40.)

Justinien donne le motif de cette faveur accordée au créancier qui a traduit son débiteur en justice. *Cum non similis sit, qui penitus ab initio tacuit, et qui et postulationem deposuit, et in judicium venit, et subiit certamina, litem autem implere per quosdam casus præpeditus est.* Il est rationnel, en effet, que les poursuites du créancier interrompent la prescription ; mais ce qui est moins logique, c'est qu'elles aient pour effet de la prolonger.

Ainsi, loin que la péremption d'instance nuise au créancier, elle allonge le délai de la prescription, et en recule le point de départ. Celui qui laisse périmer l'instance, est traité plus favorablement que celui qui l'a conduite jusqu'au bout, et qui a obtenu un jugement, puisque ce dernier n'a qu'un délai de trente ans, pour, faire exécuter ce jugement.

3° *Actions appartenant aux églises et aux établissements pieux* (loci venerabiles). — Justinien, par une Constitution de 528, a établi en leur faveur une prescription centenaire (l. 23, *C.*, I, 2); mais bientôt, reconnaissant les inconvénients d'une prescription aussi longue, il en a réduit la durée à quarante ans. (*Nov.* CXXXI.) Le même privilège était accordé aux villes par la Constitution de 528 ; il n'est pas fait mention de celles-ci dans la novelle CXXXI. Ce qu'on peut induire de ce silence, c'est que les actions appartenant aux villes sont retombées sous l'empire du droit commun, car on sait que Justinien accordait une faveur plus grande aux églises, qu'aux cités. La prescription de cent ans a subsisté seulement au profit de l'église de Rome. (*Nov.* CXXXI.)

4° *Action en répétition de sommes payées pour dettes de jeu.* — Justinien, dans la loi 1, *C.*, III, 43, a décidé que cette action serait perpétuelle, et pourrait être exercée, non seulement par celui qui a payé et ses héritiers, mais encore par toute personne, et notamment par le primat ou le *defensor civitatis*, pour employer l'argent aux dépenses de la cité. Plus tard, atténuant cette rigueur, il a réduit la durée de cette action à cinquante ans. (L. 3, *eod. tit.*)

Actions imprescriptibles

1° Action du fisc pour le recouvrement des impôts et autres charges publiques. (L. 6, *C.*, VII, 39.)

2° Action contre les décurions, pour les obliger à reconnaître leur condition d'origine (*genitalem statum*), et à acquitter les charges, qu'elle leur impose. (L. 5, *C.*, VII, 39.)

3° *Vindicatio in libertatem*, c'est-à-dire le droit pour l'homme libre, qui est tenu en esclavage, de réclamer sa liberté. (L. 3, *C.*, VII, 22.)

4° La réclamation d'un colon fugitif par le propriétaire du sol, auquel il est attaché. (L. 23, *C.*, XI, 47.)

Quant aux actions en bornage, *finium regundorum*, ou en partage, *familiæ erciscundæ*, *communi dividundo*, qui étaient auparavant imprescriptibles, suivant la jurisprudence, Justinien les a soumises à la prescription commune de trente ans. (L. 1, § 1, *C.*, VII. 40.)

VI. — L'obligation prescrite peut-elle encore produire certains effets?

Quand la prescription est accomplie, l'obligation est-elle entièrement anéantie, ou produit-elle encore certains effets?

On sait qu'il y a des cas où, après l'extinction de l'action, l'obligation peut encore servir de cause à un payement, au sujet duquel la *condictio indebiti* n'est pas recevable, à une compensation, à un cautionnement, à la constitution d'un gage ou d'une hypothèque, à une novation, à un pacte de constitut. C'est ainsi que sous la procédure formulaire, la péremption d'instance, qui éteint l'action, n'empêche pas le créancier de faire valoir ses droits par voie d'exception et ne lui enlève pas les garanties attachées à sa créance. La prescription produit-elle un effet plus énergique, en ne laissant rien subsister de l'obligation? C'est ce que je vais examiner à l'aide des textes :

Condictio indebiti. — Si un débiteur a acquitté sa dette, ignorant qu'elle était prescrite, il peut répéter ce qu'il a payé. C'est ce qui résulte de la loi 25, § 1, *D.*, XLVI, 8 : *Procurator, quum ab eo æs alienum exegerat, qui tempore liberaretur, ratam rem dominum habiturum cavit; deinde post tempus, liberato jam debitore, dominus ratam rem habet. Posse debitorem agere cum procuratore existimavit, cum jam debitor liberatus sit : argumentum rei, quod si nulla stipulatio interposita sit, condictio locum adversus procuratorem habitura sit : in locum autem condictionis interponi stipulationem.* Voici l'espèce : un débiteur tenu d'une obligation temporaire, s'acquitte entre les mains d'un gérant d'affaires, qui lui promet sous caution que le maître ratifiera (*cautio de rato*). Ce dernier ne ratifie qu'après que la prescription s'est accomplie. Africain décide que le débiteur pourra exercer contre le gérant l'action *ex stipulatu*, et il en donne ce motif : la ratification est nulle, parce qu'elle est intervenue à une époque, où le débiteur était libéré *tempore*. Le payement que celui-ci a fait, est donc sans cause, et donnerait naissance à la *condictio indebiti :* au lieu de la *condictio*, on lui confère l'action *ex stipulatu*, à cause de l'engagement pris par le gérant.

Si le débiteur avait su que la prescription était accomplie, il n'aurait pas la *condictio indebiti*, parce qu'il est ade principe qu'on peut renoncer à une prescription cquise, et que le payement fait en connaissance de cause emporte virtuellement renonciation.

Compensation. — Aucun texte ne décide, qu'une obligation prescrite ne pourra pas être invoquée à titre de compensation; mais cela résulte, comme le fait observer M. Machelard, de la règle générale écrite dans la loi 14, *D.*, XVI, 2 : *Quæcumque per exceptionem perimi possunt, in compensationem non veniunt.* J'ajoute que, si le créancier est soumis à la répétition de l'indû, à plus forte raison ne peut-il pas se prévaloir de la dette prescrite, pour en faire l'objet d'une compensation.

Constitut. — Le texte qui se réfère à la question est la loi 18, § 1, *D.*, XIII, 5 : *Quod adjicitur, eamque pecuniam, cum constituebatur, debitam fuisse, interpretationem pleniorem exigit. Nam primum illud efficit, ut, si quid tunc debitum fuit, cum constitueretur, nunc non sit, nihilominus teneat constitutum : quia retrorsum se refert actio. Proinde temporali actione obligatum constituendo, Celsus et Julianus scribunt teneri debere : licet post constitutum dies temporalis actionis exierit. Quare et si post tempus obligationis se soluturum constituerit, adhuc idem Julianus putat : quoniam eo tempore constituit, quo erat obligatio, licet in id tempus, quo non tenebatur.* Un débiteur tenu d'une action temporaire est valablement engagé par un constitut, quoique la prescription se soit accomplie depuis sa formation; même solution à l'égard du débiteur, qui s'engage par un constitut pour un terme postérieur à l'accomplissement de la prescription. En voici le motif, qui est donné par Ulpien : le constitut est valable, lorsqu'il a pour objet une dette existant au moment du contrat, mais qui aura cessé d'exister à l'époque où il doit recevoir son exécution, parce que l'action se réfère au jour du contrat: *quia retrorsum se refert actio*. De ces décisions, on peut conclure que, si la dette était déjà prescrite à l'époque du constitut, celui-ci serait nul.

Novation. — La novation offre avec le constitut assez d'analogie, pour qu'il soit permis, en l'absence de texte, d'adopter à son égard la même solution.

Fidéjussion. — Deux textes sont relatifs à la question : La loi 37, *D.*, XLVI, 1 : *Si quis, postquam tempore transsacto liberatus est, fidejussorem dederit, fidejussor non tenetur : quoniam erroris fidejussio nulla est*. Cette loi exprime clairement, qu'une dette prescrite ne peut pas être garantie par un fidéjusseur. Pourtant M. de Savigny en conteste la portée, en faisant observer que la nullité est fondée sur l'erreur : *Quoniam erroris fidejussio nulla est*. Mais on peut répondre que, si l'obligation n'était pas absolument éteinte, l'erreur ne vicierait pas la fidéjussion, qui trouverait encore sa cause dans une obligation naturelle. D'ailleurs, si le débiteur n'avait pas été dans l'erreur, c'est-à-dire s'il avait su que la dette était prescrite, la *fidejussio* donnée par lui serait valable, puisqu'elle impliquerait de sa part renonciation à la prescription. Voilà pourquoi dans ce texte il est fait mention de l'erreur, qui n'est pas la cause principale de la nullité, mais qui en est une condition essentielle.

La loi 38, § 4, *D.*, XLVI, 3, n'est pas moins décisive : *Si quis pro eo reverso fidejusserit, qui, cum reipublicæ causa abesset, actione qua liberatus sit, deinde annus præterierit, an fidejussor liberetur? Quod Juliano non placebat; et quidem si cum fidejussore experiundi potestas non fuit: sec hoc casu in ipsum fidejussorem ex edicto actionem restitui debere : quemadmodum in eum fidejussorem, quihominem promissum occidit.* Ce texte a besoin de quelques éclaircissements. Un débiteur est absent pour le service de l'État et pendant ce temps une prescription, s'accomplit à son profit. Dans ce cas le créancier, auquel aucune faute n'est imputable, peut obtenir du préteur la *restitutio in integrum* pendant une année après le retour de l'absent. Mais il n'en fait rien, et se contente d'exiger qu'un *fidéjusseur* vienne garantir l'obligation éteinte par la prescription. Le *fidéjusseur* est-il tenu ? Julien admet l'affirmative, mais Africain est d'un avis contraire, en faisant remarquer que le créancier pourra obtenir la *restitutio in integrum* contre le fidéjusseur, comme il l'aurait obtenue contre le débiteur lui-même. Ce qu'il faut en conclure, c'est que la fidéjussion est nulle d'après le droit civil, et que l'obligation principale est absolument éteinte par la prescription ; sinon, l'obligation accessoire serait valable.

Gage et hypothèque. — Au point de vue de la prescription, il n'y a pas à les distinguer. Il est certain qu'après la Constitution de Théodose, l'action hypothécaire survit à l'action personnelle, quand le bien grevé est entre le mains du débiteur ou de ses héritiers ; d'après cette constitution, elle dure indéfiniment ; plus tard Justin l'a réduite à quarante ans, soit dix ans de plus que l'action personnelle. Il est probable qu'à l'époque classique, la prescription des actions temporaires n'entraînait pas davantage la disparition du gage ou de l'hypothèque. Deux documents donnent à cette conjecture une grande vraisemblance : la loi 50, *D.*, IV, 4 : *Inius Diophantus Pomponio suo salutem. Minor viginti quinque annis novandi animo intercessit pro eo, qui temporali actione tenebatur tunc, cum adhuc supererant decem dies, et postea in integrum restitutus est : utrum restitutio, quæ creditori adversus priorem debitorem datur, decem dierum sit, an plenior? Ego didici, ex tempore in integrum restitutionis tantumdem temporis præstandum, quantum supererat. Tu, quid de eo putas, velim rescribas. Respondit : Sine dubio, quod de temporali actione, in qua intercessit minor, sensisti, puto verius esse ; ideoque et pignus, quod dederat prior debitor, manet obligatum.* Voici l'espèce sur laquelle Pomponius est consulté : un mineur s'engage à la place d'un débiteur, dix jours avant l'accomplissement de la prescription au profit de celui-ci. Après l'écoulement des dix jours, qui restaient à courir pour que la prescription fût accomplie, le mineur se fait restituer *in integrum.* Quelle situation doit être faite au créancier ? Pomponius répond qu'il doit être replacé dans la situation qu'il avait avant l'*intercessio* : il aura donc dix jours pour faire valoir son action personnelle, et il conserve le gage, que l'ancien débiteur lui avait donné : *pignus manet obligatum.* Cela paraît bien signifier, que le gage survit à la prescription de l'action personnelle. M. Machelard, qui est d'un avis contraire, fait observer que « le jurisconsulte se tait sur le point de savoir, si ce *pi-* « *gnus* couvrira les droits du créancier, qui n'aura pas « intenté dans les dix jours l'action personnelle. » Mais si l'on remarque l'opposition des deux membres de phrase, qui ont trait, l'un à la courte durée de l'action personnelle, l'autre à la permanence du gage, on ne saurait accepter cette interprétation.

La loi 2, *C.*, VIII, 31, est une Constitution de l'empereur Gordien, de l'année 241 : *Intelligere debes vincula pignoris durare, personali actione submota.* On a voulu restreindre la portée de cette décision et la limiter, soit au cas prévu dans la constitution précédente, d'après laquelle l'héritier pour partie ne peut se libérer de l'hypothèque qu'en payant la dette entière ; soit au cas où l'action personnelle est éteinte par la péremption d'instance, la *plus petitio*, l'exception *litis dividuæ* ou *residuæ*, ou une exception *procuratoria*. Il est bien vrai que la décision de Gordien s'applique à ces diverses hypothèses : mais pouquoi en exclure le cas, où l'extinction de l'action personnelle résulte de la prescription ? Cette restriction me paraît contredite par la généralité des termes de la constitution.

La solution que j'admets se trouve corroborée par la règle énoncée dans la loi 13, § 4, *D.*, XX, 1 : *Etiamsi creditor judicatum debitorem fecerit, hypotheca manet obligata, quia suas conditiones habet hypothecaria actio; id est, si soluta est pecunia aut satisfactum est; quibus cessantibus tenet* ...

Comme, en cas de prescription, il n'est pas possible de dire qu'il y ait eu payement ou satisfaction, la conséquence est que l'hypothèque doit subsister, malgré la prescription de l'action personnelle.

En résumé, l'obligation prescrite ne peut plus servir de cause ni à un payement, ni à une compensation, ni à un pacte de constitut, ni à une novation, ni à un cautionnement. S'il en était autrement, la prescription n'atteindrait pas son but, qui est de procurer la sécurité au débiteur, et de mettre un terme aux procès. Cependant l'extinction de l'action n'entraîne pas toujours la disparition du gage ou de l'hypothèque. Quelle en est la raison ?

Plusieurs interprètes, au nombre desquels est M. de Savigny, ont cru la trouver dans la survivance d'une obligation naturelle. Il n'est pas contestable, en effet, qu'une obligation naturelle peut servir de cause à la constitution d'un gage ou d'une hypothèque, et qu'aussi longtemps qu'elle subsiste, ces garanties sont maintenues : *Res hypothecæ dari posse sciendum est pro quacumque obligatione ; vel pro civili obligatione, vel honoraria, vel tantum naturali.* — (L. 5, pr., *D.*, XX, 1.) *Ex quibus casibus naturalis obligatio consistit, pignus perseverare constitit.* (L. 14, § 1, *D.*, *eod. tit.*) Mais ce qui rend cette hypothèse inadmissible, c'est que l'obligation naturelle empêche la répétition de l'indû, rend possibles une compensation, une novation, un constitut, une fidéjussion ; tandis que l'obligation prescrite ne produit aucun de ces effets. Cet argument est si fort que M. de Savigny, pour l'écarter, conteste toutes les solutions précédentes, et rejette les textes sur lesquels elles s'appuient, sous prétexte qu'ils sont tous relatifs à l'action de la loi Furia. Mais on peut répondre, avec M. Machelard, que cette supposition est arbitraire, et que « c'est un peu abuser de la loi Furia, que de la mettre « partout où il est question d'un débiteur libéré *tempore*, « puisque nous savons qu'il en existait beaucoup d'autres « que les *sponsores* et les *fidepromissores*. » (*Oblig. natur.*, p. 481.)

D'autres interprètes, notamment M. Machelard, qui rejettent l'hypothèse d'une obligation naturelle, se bornent à signaler la survivance de l'hypothèque comme une anomalie, qui ne se justifie pas par des motifs juridiques.

Ne pourrait-on pas en donner la raison suivante ? Lorsqu'une créance est garantie par une hypothèque, ce qui est éteint par la prescription, ce n'est pas l'obligation elle-même, mais seulement l'une des actions qui en découlent. Sans doute, dans le plus grand nombre de cas, l'extinction de l'action personnelle correspond à celle de l'obligation, qui lui donne naissance ; mais il n'en est pas nécessairement ainsi, quand la même obligation engendre deux actions de nature différente, l'une personnelle, l'autre réelle. C'est ce qui a lieu dans une obligation hypothécaire.

En effet le créancier qui a obtenu de son débiteur une sûreté consistant dans une hypothèque ou un gage, a deux actions : l'une, qui lui donne le droit de poursuivre le payement par toutes les voies de contrainte ordinaires ; l'autre qui l'autorise à exiger le délaissement de la chose engagée, *nuda possessio*, pour la faire vendre et être payé sur le prix, à moins que le débiteur n'aime mieux acquitter la somme due. Comme de ces deux actions, la première seule, l'action personnelle, est éteinte par la prescription, n'est-il pas juste d'admettre que l'obligation survit, pour servir de support à la seconde, à l'action hypothécaire, qui continue de subsister. Dans notre droit, on rencontre également certains cas, où le créancier garde son privilège sur la chose, qui lui sert de gage, après avoir cessé d'avoir une action personnelle contre son débiteur. (C. com., art. 216.) La situation du débiteur devient alors semblable à celle d'un tiers détenteur, qui n'est tenu que *propter rem :* le juge lui ordonne de délaisser ou de payer, et, si cet ordre n'est pas exécuté, la condamnation ne peut pas excéder la valeur de la chose hypothéquée.

Si l'action hypothécaire a une durée plus longue que l'action personnelle, on peut en donner ce motif, qui a probablement déterminé les jurisconsultes romains : le créancier, qui a eu la précaution d'exiger une sûreté spéciale, et qui voit son gage entre les mains de son débiteur, mérite une protection particulière. S'il a tardé à réaliser son gage et à exercer des poursuites, c'est sans doute par un sentiment de bienveillance, dont il serait injuste de le rendre victime. Comme ce motif n'existe plus, quand le gage est sorti des mains du débiteur, il a paru équitable, que l'action hypothécaire fût alors prescrite en même temps que l'action personnelle.

Si l'on admet cette interprétation, l'anomalie, qu'on a signalée, n'existe plus : la survivance de l'action hypothécaire trouve son fondement juridique dans la persistance de l'obligation civile, qui est mutilée, mais non pas anéantie par la prescription ; et elle a aussi sa raison d'être dans la faveur, qui s'attache au gage et à l'hypothèque.

DROIT FRANÇAIS

DES DROITS DE LA FEMME

EN CAS DE FAILLITE DU MARI

Dans l'association conjugale, c'est le mari qui est chef et maître. Sous tous les régimes, autres que celui de la séparation de biens, la dot de la femme se trouve entre les mains du mari, qui l'administre et qui en a la jouissance. Sous le régime de la communauté, que la loi impose aux époux en l'absence de conventions matrimoniales, le mari peut vendre, hypothéquer les immeubles qui en dépendent, sans le concours de sa femme ; il peut même disposer à titre gratuit des effets mobiliers, sans son consentement, pourvu qu'il n'en retienne pas l'usufruit.

La dot de la femme se trouve ainsi exposée aux plus grands périls, si le mari est un dissipateur. Pour compenser ces pouvoirs très larges dont elle investit le mari, la loi accorde à la femme de sérieuses garanties. — Sous tous les régimes, elle lui reconnaît le droit de demander la séparation de biens, si sa dot est mise en péril, et par là de recouvrer l'administration et la jouissance de ses biens, et même la libre disposition de ses effets mobiliers. — Elle lui assure une hypothèque générale sur tous les immeubles du mari, pour la garantie du payement de ses créances; cette hypothèque prend rang, soit au jour même de la célébration du mariage, soit au jour où l'obligation a pris naissance, et produit son effet, pendant le mariage et dans l'année qui suit sa dissolution, sans avoir besoin d'être inscrite. Si personnellement la femme s'est engagée envers des créanciers du mari, la loi ne voit en elle qu'une caution, et lui accorde un recours contre ce dernier.

Enfin si elle est commune en biens, la femme a le droit de répudier la communauté, lors de sa dissolution, pour se décharger des dettes; et même si elle l'accepte, elle n'est tenue envers les créanciers que jusqu'à concurrence de son émolument, pourvu qu'il y ait eu bon et fidèle inventaire.

Si le mari est commerçant, ces privilèges peuvent justement alarmer les tiers, qui traitent avec lui, et empêcher son crédit de s'établir. Il est trop aisé à deux époux de se concerter, pour simuler des reprises, ou pour les exagérer, de manière que, en cas de faillite, la femme retire à son profit une grande partie de l'actif. Ces fraudes sont malheureusement trop fréquentes. L'intérêt des créanciers, atteints par la faillite, l'intérêt plus général du commerce, qui exige une confiance réciproque, ont inspiré des mesures propres à déjouer ces fraudes et à prévenir ces abus.

Ce que la loi a voulu, ce n'est pas dépouiller la femme de ce qui lui appartient légitimement; c'est uniquement empêcher qu'elle ne pût s'enrichir avec l'argent des créanciers. Aussi lui a-t-elle laissé le droit de faire prononcer la séparation de biens, et de renoncer à la communauté.

Elle lui laisse également la faculté de reprendre tous les biens meubles ou immeubles, qui ne sont pas tombés en communauté et qui n'ont pas cessé de lui appartenir; de même le bénéfice de l'hypothèque légale, pour la garantie des créances qu'elle peut avoir contre son mari. Mais elle exige, pour l'exercice de ces reprises en nature et de ces créances, une preuve plus difficile que celle du droit commun; elle restreint l'hypothèque légale à certains immeubles, en excluant ceux qui ont été acquis par le mari à titre onéreux depuis le mariage, parce qu'ils sont présumés avoir été acquis avec l'argent des créanciers. Enfin elle enlève à la femme tous les avantages, que le mari a pu lui faire, soit par contrat de mariage, soit pendant le mariage ; car il serait inique que la femme profitât de ces libéralités au milieu des ruines de la faillite. Si elle ne doit pas contribuer personnellement au payement des créanciers de son mari, du moins ne faut-il pas qu'elle s'enrichisse à leur détriment.

Ce sont ces restrictions au droit commun, édictées par la loi du 28 mai 1838 (sect. IV, ch. VII), que je vais exposer; cette étude se divisera naturellement en trois parties :

1° Revendication des immeubles et des meubles appartenant à la femme.

2° Restrictions de son hypothèque légale.

3° Nullité des avantages matrimoniaux.

Mais avant d'aborder le commentaire de cette loi, il me paraît utile de rappeler brièvement la législation qui l'a précédée; de rechercher dans quel cas les restrictions de la loi commerciale sont applicables ; de dire enfin les mesures que la femme doit prendre en cas de faillite, pour parvenir au règlement de ses droits. Ce sera l'objet des trois chapitres suivants.

I

Historique de la législation

Jusqu'au 1er janvier 1808, date où le Code de commerce fut mis en vigueur, aucune loi n'avait apporté de dérogation au droit commun, à l'égard des femmes mariées, en cas de faillite.

L'Ordonnance de 1673, dite *Code Savary*, contenait un titre en 13 articles sur les faillites et banqueroutes, mais aucun de ces articles n'était relatif aux droits des femmes. Plusieurs déclarations royales, qui vinrent ensuite modifier ou compléter l'Ordonnance de 1673, gardaient à ce sujet le même silence. La femme continuait donc à jouir, en cas de faillite du mari, de toutes les garanties, que les coutumes lui accordaient pour la reprise de sa dot et de son douaire, et ces garanties avaient été poussées jusqu'à l'exagération. Peut-être l'état moins développé du commerce rendait-il autrefois des mesures restrictives moins nécessaires. Quoi qu'il en soit, l'ancien état de choses avait engendré des abus, aggravés par les désordres de la Révolution. Ainsi l'on avait vu, sous le Directoire, des femmes de faillis étaler un luxe impudent, au milieu des ruines faites par leurs maris. Aussi, en 1807, lors de la rédaction du Code de commerce, fut-il résolu qu'on mettrait fin à ces scandales. En l'absence de l'empereur, que la guerre tenait éloigné de France, le Conseil d'État et la section du Tribunat s'étaient mis d'accord sur la rédaction des articles qui réglaient les droits des femmes. Mais, à son retour de Tilsitt, Napoléon fit remettre en discussion le livre III sur les faillites (séances des 28 juillet, 1er et 8 août 1807);

il voulait qu'on se montrât plus sévère, et qu'on réduisît les femmes à de simples aliments. Heureusement ces emportements ne prévalurent pas, et dans la séance du 22 septembre 1807, le Corps législatif décréta le projet tel qu'il avait été proposé.

Ces dérogations au droit commun, si insuffisantes aux yeux de l'empereur, étaient pourtant, sous plusieurs rapports, fort rigoureuses.

Ainsi les seuls effets mobiliers, que la femme pouvait reprendre en nature, étaient, en sus des habits et linge à son usage, ses bijoux, diamants et vaisselle ; l'hypothèque légale était restreinte, contre toute justice, aux biens appartenant au mari à l'époque du mariage, à l'exclusion de ceux qui lui étaient advenus plus tard par succession, donation ou testament ; et cette rigueur atteignait, non seulement la femme qui avait connu le risque en épousant un commerçant, mais encore celle qui avait épousé le fils d'un commerçant, devenu plus tard commerçant, à quelque époque que ce fût, s'il n'exerçait pas, lors de son mariage, une profession déterminée.

Le but avait été dépassé. Car, s'il fallait empêcher que la femme s'enrichît avec l'argent des créanciers, il ne fallait pas non plus leur sacrifier ses droits les plus légitimes. Aussi, lorsqu'il fut question, vers la fin de la Restauration (en 1827), de modifier la loi sur les faillites, dont le formalisme paraissait trop compliqué, c'était l'opinion générale qu'il fallait adoucir les mesures prises contre les femmes. Après un laps de plusieurs années, accru probablement par la Révolution, un projet de loi fut préparé en 1833, par une commission nommée par le garde des sceaux ; il fut soumis à la Chambre des députés le 1er décembre 1834, et adopté sur le rapport de

M. Renouard. Il subit ensuite, tant à la Chambre des pairs qu'à la Chambre des députés, de nombreux amendements, et, après adoption définitive, le 14 mai 1838, il devint la loi du 28 mai 1838, promulguée le 8 juin suivant. — Ce qui ressort de cet aperçu historique, et ce qui peut servir à l'interprétation des dispositions de cette loi relatives aux droits des femmes, c'est qu'elles ont été inspirées par un esprit bien différent de celui qui avait présidé aux mesures anciennes : le désir d'adoucir la situation de la femme du failli, dans la mesure du juste, s'est substitué aux rigueurs excessives de 1807.

II

Cas dans lesquels les restrictions de la loi commerciale sont applicables

On est d'accord pour reconnaître que c'est seulement en cas de faillite que les droits des femmes se trouvent restreints.

L'ancien article 544 C. com. disait textuellement : « En cas de faillite, » et bien que cette déclaration ait été omise dans la loi de 1838, il suffit de constater que cette loi porte pour rubrique : *Des faillites et banqueroutes*, pour que le doute soit impossible.

Par conséquent, l'insolvabilité d'un débiteur commerçant n'est pas suffisante pour entraîner contre la femme l'application des articles 557 et suivants, si elle n'est pas accompagnée de la cessation de payements, qui, seule, aux termes de l'article 437 C. com., constitue le commerçant en état de faillite. (Cass., 26 décembre 1840, D. 41. 1. 57. — Cass., 28 avril 1869, D. 69. 1. 443.) Par contre, il peut arriver qu'un commerçant, qui n'est pas insolvable, dont l'actif est supérieur au passif, se trouve en état de faillite, si, par suite de circonstances accidentelles, qui lui ont fait perdre son crédit, il se trouve dans la nécessité de suspendre ses payements.

Mais suffit-il que cette cessation de payements existe, ou bien faut-il qu'elle soit suivie d'un jugement déclaratif de faillite ? Il est bien entendu qu'elle doit être judiciairement constatée, pour pouvoir être opposée à la femme ; mais la question est de savoir s'il faut une déclaration de faillite, prononcée par le tribunal de commerce. En d'autres termes, la cessation de payements peut-elle être utilement constatée par la juridiction civile ?

Voici l'espèce où la question peut se présenter : un ordre est ouvert sur le prix d'immeubles expropriés sur un commerçant, qui a suspendu ses payements, mais dont la faillite n'a pas été déclarée. La femme produit à l'ordre pour le montant de ses reprises, en vertu de son hypothèque légale. Contestation de la part des créanciers, qui demandent le rejet de cette production, parce que le débiteur est en état de cessation de payements, et qu'il s'agit de biens acquis depuis le mariage. Le tribunal civil, saisi de la contestation, par renvoi du juge commissaire, a-t-il compétence pour déclarer la cessation des payements, à l'effet d'en appliquer les conséquences à la femme? L'affirmative a été jugée par la Cour de cassation : « S'il est vrai que la juridiction spé« ciale des tribunaux de commerce soit seule compé« tente, pour déclarer l'ouverture de la faillite, et en « fixer l'époque, il appartient cependant aux tribunaux « civils, investis de la plénitude de juridiction, de re« connaître, en jugeant les procès qui leur sont soumis, « si la cessation des payements, qui est le fait caracté« ristique de la faillite, a ou n'a pas existé, et d'en ap-

« appliquer] les effets légaux aux contestations, qui « s'agitent devant eux ; les tribunaux de commerce n'ont « une compétence exclusive qu'en ce qui concerne l'or- « ganisation de la faillite, la personne du failli, l'admi- « nistration de ses biens, la vérification des créances, « etc. » (Cass., 13 novembre 1838. Sir. 39. 1. 121. — Metz, 29 décembre 1865, D. 66. 2. 10. Sir. 66. 2. 281 (1).

Mais au moins faut-il que la cessation de payements, reconnue et constatée par justice, puisse encore conduire à une déclaration de faillite.

Jugé que cette constatation est sans effet, lorsque plus d'une année s'est écoulée depuis le décès du commerçant, ce qui ne permet plus de déclarer la faillite (art. 437 C. com.). — (Cass., 28 avril 1869, D. 69. 1. 443.)

Jugé de même que l'article 563 n'est plus applicable, lorsque, à l'époque où la femme exerce son droit d'hypothèque, le mari avait cessé d'être commerçant, et n'avait plus que des dettes civiles. (Rej., 14 avril 1858, D. 58. 1. 389.)

Ces solutions me paraissent juridiques. L'état de cessation de payements, accompagné ou non d'un jugement déclaratif de faillite, mais susceplible de l'entraîner, telle est la condition à laquelle est subordonnée l'application de la loi de 1838 au règlement des droits de la femme.

La faillite, dont les opérations ne sont pas closes pour insuffisance d'actif, aboutit, soit à un contrat d'union, qui entraîne la réalisation de l'actif et sa distribution entre les créanciers, opérées par un syndic, soit à un concordat, par suite duquel le failli recouvre l'adminis-

(1) Sic Renouard, *des faillites*, II, p. 325. Bédarride, *des faillites*, III, n° 993 et 994 ; Contra Massé, *Droit commercial*, II, n°s 1116 et s.

tration de ses biens, à charge de payer aux créanciers les dividendes convenus. — Dans ce dernier cas, la femme demeure-t-elle soumise aux restrictions de la loi commerciale?

L'affirmative ne me paraît pas douteuse, lorsque le concordat n'a pas encore été exécuté : s'il rend au failli l'administration de ses biens, il ne supprime pas la cessation de payements, qui a entraîné contre la femme des conséquences irrévocables. Mais la question est plus délicate, si le concordat a été exécuté, c'est-à-dire si les dividendes ont été intégralement payés aux créanciers.

Sans doute, ceux-ci ont intérêt à faire maintenir contre la femme les rigueurs de la loi, parce qu'ils peuvent espérer, par ce moyen, obtenir le payement intégral de leurs créances, si leur débiteur revient à meilleure fortune. Ils peuvent soutenir, non sans raison, que les effets de la faillite ne cessent que par la réhabilitation. Mais il est de principe que les restrictions des droits de la femme ne doivent jamais profiter, ni au mari, ni à ses héritiers, ni aux créanciers postérieurs à la faillite. Or c'est ce qui arriverait, si elles continuaient à recevoir leur application après l'exécution du concordat. Le mari, libéré envers les créanciers par le payement des dividendes, pourrait conserver pour lui-même le bénéfice des dispositions, qui n'ont été édictées qu'en leur faveur. La loi de 1838 cesse donc de s'appliquer à la femme, quand le mari a rempli ses engagements concordataires. Jugé en ce sens par la Cour de Toulouse, qui fait une distinction juridique entre les effets de la faillite, qui touchent à l'ordre public, et ceux qui concernent les intérêts des créanciers. Les premiers, seuls, ne cessent que par la réhabilitation ; les autres cessent, dès que, le concordat ayant été fidèlement exécuté, les créanciers n'ont plus aucun droit à exercer contre le failli. (7 avril 1865, D. 65. 2. 77). En sens contraire, la Cour de cassation a décidé que les restrictions du Code de commerce subsistent, malgré le concordat, jusqu'à la réhabilitation (1er décembre 58, D. 59. 1. 11.) Mais la Cour de Montpellier, dont elle a cassé l'arrêt, s'était uniquement fondée snr ce que le failli avait obtenu un concordat, sans ajouter qu'il avait rempli ses engagements. Il est permis de croire que, si ce motif avait été donné, la Cour aurait rejeté le pourvoi. Il n'y a donc pas grand argument à tirer de sa décision.

III

Mesures que la femme doit prendre en cas de faillite du mari

La loi n'en a imposé aucune ; mais, si la femme veut exercer ses reprises, il faut qu'elle fasse prononcer judiciairement sa séparation de biens, à moins qu'elle ne soit mariée sous ce régime. Elle y a intérêt, même si elle est mariée sous le régime dotal, pour empêcher que les revenus de sa dot, dont l'administration et la jouissance appartiennent au mari, ne soient appréhendés par les créanciers. Si elle ne possède aucun bien, et qu'elle n'ait pas de reprises à exercer, aura-t-elle également intérêt à faire prononcer sa séparation de biens, et sera-t-elle fondée dans cette demande ? Oui, elle y aura intérêt, afin de mettre à l'abri des poursuites des créanciers les biens, qu'elle pourrait acquérir ensuite par son travail, par succession ou donation ; et sa demande sera recevable, parce que la dot, dans le sens général qu'il faut donner à ce mot, comprend, non seulement les biens présents, mais encore ceux à venir.

Il est vrai que, la faillite rendant exigibles toutes les dettes non échues (art. 444 C. com.), on pourrait en conclure que la séparation de biens n'est pas nécessaire ; mais les dettes du mari envers sa femme sont d'une nature particulière, qui ne les rend exigibles que par la dissolution du mariage, ou la séparation de biens. Il est encore vrai que la loi de 1838 ne prescrit rien à ce sujet, mais on aurait tort d'en conclure, que la séparation s'opère alors de plein droit ; si la loi n'en fait pas mention, c'est parce qu'elle suppose que la séparation a été demandée et prononcée, comme c'est le cas ordinaire. Enfin il n'y a pas d'argument à tirer de l'article 1447 C. civ., qui permet aux créanciers personnels de la femme d'exercer, en cas de faillite, les droits de leur débitrice ; car la séparation n'existe de plein droit qu'à leur égard, et en vertu d'une fiction légale. Si la femme ne demandait pas la séparation de biens, tous ses biens resteraient confondus dans la masse. Sans doute elle pourrait s'opposer à la vente de ceux dont elle justifierait la propriété, mais les revenus seraient perçus par le syndic de la faillite au profit de la masse.

Dans le projet de loi soumis actuellement aux Chambres, il a été question d'introduire un article, aux termes duquel la séparation de biens résulterait de plein droit de la faillite. Comme la séparation est presque toujours demandée par la femme dans ce cas, on éviterait ainsi une procédure et des frais inutiles. Mais cet amendement a été repoussé pour les motifs suivants : Si la femme veut se mettre à l'abri des conséquences désastreuses de la faillite, la loi lui en accorde le moyen, et c'est justice : elle n'a qu'à demander la séparation de biens et à faire liquider ses reprises. Si elle veut, au contraire, sacrifier ses intérêts pécuniaires à l'honneur du nom, que son mari lui a donné, en renonçant à ses droits au profit des créanciers de celui-ci, ce sacrifice est vu avec faveur ; il ne faut pas en tarir la source, en édictant la séparation de plein droit.

A qui incombent les frais, si la séparation est prononcée ? Au mari, qui succombe dans l'instance ; mais, comme le mari est dessaisi de ses biens, c'est la masse qui doit les supporter. Il est donc nécessaire que la femme mette en cause le syndic, pour le faire condamner aux dépens. C'est un résultat qui peut paraître bizarre, surtout si le syndic n'a pas fait opposition à la demande, comme c'est le cas le plus fréquent, mais qui est rationnel, puisque, tous les biens étant entre ses mains, il n'y a que lui qui puisse acquitter cette dette. (Cass., 23 février 1880, D., 80.1.337.) Et ces frais seront même prélevés sur la masse, comme il s'agit d'une instance postérieure à la faillite, et qui concourt à sa liquidation.

Après avoir obtenu la séparation de biens, la femme doit accepter ou répudier la communauté ; elle conserve l'option. En général elle aura intérêt à renoncer, pour s'exonérer des dettes, car la communauté est presque toujours mauvaise en cas de faillite. Cependant le contraire peut arriver : en effet, il ne faut pas oublier que la cessation de payements n'est pas l'insolvabilité, et n'est pas incompatible avec l'existence d'un actif supérieur au passif. — Dans ce cas, la femme aura juste raison d'accepter. Le péril, d'ailleurs, n'est jamais grand pour elle, puisqu'elle n'est tenue des dettes que jusqu'à concurrence de son émolument, pourvu qu'elle ait fait inventaire (art. 1483 C. civ.)

Si la femme ne demande pas la séparation de biens,

ses créanciers personnels peuvent-ils la demander ? Non, d'après l'article 1446 C. civ., qui leur accorde seulement la faculté, en cas de faillite ou de déconfiture, d'exercer les droits de leur débitrice, jusqu'à concurrence du montant de leurs créances. La loi n'a pas voulu que les créanciers puissent exercer une action, qu'elle considère comme exclusivement personnelle à la femme. Ce qu'elle n'a pas voulu davantage, c'est sacrifier l'intérêt des créanciers de la femme à celui des créanciers du mari, et c'est pourquoi elle les autorise à faire liquider ses reprises, comme si la séparation était prononcée. Mais la communauté, fictivement dissoute à l'égard des créanciers, subsiste entre époux. Lors de sa dissolution, la femme, soit qu'elle accepte, soit qu'elle renonce, devra compte au mari des revenus des biens, que les créanciers auront repris par anticipation ; par contre la communauté lui devra récompense des intérêts des dettes, qui devaient être à sa charge. C'est la réalité qui doit alors l'emporter sur la fiction.

Si la femme a obtenu sa séparation de biens, et fait régler ses reprises avant le jugement déclaratif de faillite, ce règlement est-il nul ou annulable, par application des articles 446 et 447 C. com. ?

Deux hypothèses peuvent se présenter :

1° Le règlement a eu lieu avant l'époque fixée par le tribunal, comme étant celle de la cessation des payements, et même avant les dix jours qui l'ont précédée.

Dans ce cas, la femme a acquis des droits définitifs, irrévocables, auxquels aucun événement ultérieur ne peut porter atteinte.

2° Le règlement a eu lieu depuis la période suspecte.

Si la femme a renoncé à la communauté, c'est à titre de créancière qu'elle a exercé ses reprises, et elle encourt, en cette qualité, l'application de l'article 447, si elle a connu la cessation de payements et si elle est convaincue de fraude. Elle encourt même la nullité édictée par l'article 446, si elle a été payée autrement qu'en espèces.

Si la femme a accepté la communauté, le règlement de ses droits peut-il être également annulé ? La négative a été consacrée par la Cour de Bordeaux (4 avril 1876, D. 79. 2. 265), et celle de Pau (28 février 1878, *eodem loco*), qui ont fondé leurs décisions sur les motifs suivants : 1° la femme acceptante prélève ses reprises sur les biens communs à titre de partage ; 2° le partage n'est pas au nombre des actes que la loi déclare nuls ou annulables, lorsqu'ils ont été faits par le failli depuis la cessation des payements. Le premier de ces motifs est conforme à la jurisprudence de la Cour de Paris (4 mars 1874, D. 75. 2. 19) et de la Cour de cassation (20 juillet 1869, D. 69. 1. 497) ; mais, en admettant cette doctrine comme constante, malgré les objections qu'elle rencontre, les conséquences qu'on en a déduites, me paraissent erronées. En effet, l'article 447 comprend, dans sa généralité, tous les actes à titre onéreux non énumérés dans l'article précédent. Le partage est-il un acte à titre onérenx ? Oui, puisqu'il n'est pas à titre gratuit. On en fait un acte spécial, *sui generis*. Qu'est-ce qu'un acte *sui generis* ? Tout acte est à titre gratuit ou onéreux : il n'y a pas de milieu. Le partage a un effet attributif, puisqu'il entraîne entre les copartageants des obligations réciproques de garantie. L'article 883 C. civ. qui est invoqué par ces arrêts, crée une fiction, qu'il ne faut pas étendre au delà des limites, que son objet même lui a tracées. La transaction a aussi, en général, un effet déclaratif : est-ce que l'article 447 ne lui serait pas applicable?

On argumente encore de l'article 882 C. civ., qui refuse aux créanciers le droit d'attaquer un partage consommé, auquel ils n'ont pas fait opposition ; mais cet article, qui déroge à l'article 1167 C. civ., ne déroge pas à l'article 447 C. com. La loi commerciale s'est montrée plus favorable aux créanciers que la loi civile ; elle les a protégés d'une manière plus énergique en cas de faillite, qu'en cas de déconfiture.

C'est pourquoi je persiste à croire que l'article 447 s'applique au partage, et par conséquent au règlement des droits de la femme, quelle que soit d'ailleurs l'opinion qu'on adopte sur la nature de ses prélèvements, en cas d'acceptation de la communauté.

Il y a, du reste, un point qui est admis sans difficulté par la jurisprudence : c'est que, si la femme a reçu un bien du mari en payement de ses reprises, cette cession tombe sous l'application de l'article 446 ; elle est nulle de plein droit.

IV

Loi du 28 mai 1838, ch. VII, sect. IV, art. 557-564

Suivant le plan que j'ai indiqué, je diviserai le commentaire de ces articles en trois parties :

1° revendication des biens appartenant à la femme ;

2° restrictions de son hypothèque légale ;

3° nullité des avantages matrimoniaux.

I. — Revendication

La reprise en nature des immeubles et celle des effets mobiliers sont soumises à des règles différentes, et c'est pourquoi il importe de les étudier dans deux paragraphes distincts. Mais il n'est pas inutile de faire tout d'abord une observation qui leur est commune. Tandis que les articles 563 et 564, relatifs, l'un à l'hypothèque légale, l'autre aux avantages matrimoniaux, ne s'appliquent que dans deux cas spécialement déterminés par la loi, savoir: lorsque la femme a épousé un commerçant, ou lorsque son mari, n'ayant pas à l'époque du mariage d'autre profession déterminée, est devenu commerçant dans l'année, qui a suivi sa célébration ; les articles relatifs à la revendication sont au contraire applicables dans tous les cas possibles. Il suffit que le mari soit en faillite, lors même qu'il ne serait devenu commerçant que longtemps après le mariage, pour que la femme tombe sous l'empire de ces dispositions.

1° *Reprise des immeubles*

Déjà lors de la discussion du Code de commerce, Treilhard, analysant la section relative aux femmes, disait au Corps législatif que « le principe qui sert de base au « système, consiste à rendre à la femme tout ce qu'elle « a apporté, sans lui laisser rien prendre au delà. » (Séance du 3 sept. 1807.) L'application de ce principe à la reprise des immeubles ressort des articles 557, 558 et 559, dont la teneur suit :

Article 557 : *En cas de faillite du mari, la femme dont les apports en immeubles ne se trouveraient pas mis en communauté, reprendra en nature lesdits immeubles, et ceux qui lui seront survenus par succession, ou par donation entre vifs ou testamentaire.*

Article 558 : *La femme reprendra pareillement les immeubles acquis par elle et en son nom des deniers provenant desdites successions et donations, pourvu que la déclaration d'emploi soit expressément stipulée au contrat d'acquisition, et que l'origine des deniers soit con-*

statée par inventaire ou par tout autre acte authentique.

Article 559 : *Sous quelque régime qu'ait été formé le contrat de mariage, hors le cas prévu par l'article précédent, la présomption légale est que les biens, acquis par la femme du failli, appartiennent à son mari, ont été payés de ses deniers et doivent être réunis à la masse de son actif, sauf à la femme à fournir la preuve du contraire.*

Suivant ces dispositions, la femme peut reprendre : 1° Les immeubles qu'elle a apportés en dot et qu'elle n'a pas mis en communauté. Il faut, pour qu'elle puisse les revendiquer, qu'ils soient toujours restés propres, qu'ils n'aient jamais appartenu au mari, même pour une part indivise. En conséquence, si, par l'effet d'une clause d'ameublissement ou de communauté universelle, un de ses immeubles est entré en communauté, la femme ne pourra pas, usant de la faculté que lui accorde l'article 1509, C. civ. le retenir, en le précomptant sur sa part ; la stipulation du contrat de mariage, qui lui permettrait de reprendre son apport franc et quitte, en cas de renonciation, serait également sans effet. Il en serait autrement, si la femme avait simplement ameubli un immeuble jusqu'à concurrence d'une certaine somme, parce que la communauté n'en est pas devenue propriétaire, mais qu'elle est seulement créancière de la somme convenue, avec garantie spéciale sur l'immeuble.

2° Les immeubles advenus par succession, ou par donation entre vifs ou testamentaire ; et aussi, bien évidemment, ceux qui proviennent d'une institution contractuelle, puisque celle-ci participe à la fois de la donation et du testament.

Mais si la femme acquiert par licitation un immeuble de succession, dont elle était propriétaire indivise, peut-elle faire la reprise de la totalité? L'article 1408 C. civ. lui reconnaît ce droit, sous l'obligation d'indemniser la communauté de la somme fournie par elle pour cette acquisition; mais cette disposition est incompatible avec celle de l'article 559, et la femme n'aurait la faculté de reprendre l'immeuble entier, qu'à la condition de prouver qu'il a été payé de ses deniers personnels. Bien moins encore pourrait-elle user du droit, que lui accorde le même article, de retirer comme lui appartenant l'immeuble, dont elle était propriétaire par individis, et dont le mari s'est rendu adjudicataire pour le tout.

3° Les immeubles acquis des deniers provenant de successions ou donations.

En principe, sous le régime de la communauté légale, tout le mobilier acquis pendant le mariage à titre gratuit par l'un ou l'autre des époux tombe en communauté, à moins que le donateur n'ait, par une clause expresse, manifesté une volonté contraire. Ce n'est que si les époux sont mariés sous le régime de la communauté réduite aux acquêts, ou sous un régime exclusif de communauté, que les successions ou donations mobilières, qui leur échoient pendant le mariage, leur restent propres. Ces objets mobiliers qui se trouvent ainsi exclus de la comunauté, forment de véritables propres, en ce sens que l'époux en conserve la propriété exclusive, et que son droit ne se réduit pas à une simple créance en reprise de leur valeur; la jouissance appartient au mari, mais la propriété reste entre les mains de la femme, si c'est-elle qui est héritière ou donataire. Toutefois il en est autrement des objets mobiliers dont on ne peut faire usage sans les consommer, de l'argent comptant, par exemple, qui tombent dans la communauté pour la propriété, et ne donnent lieu en faveur de l'époux qu'à une action en reprise de leur valeur. — Si ces deniers sont employés en achats d'immeubles, ces immeubles constituent-ils des propres? On l'admet sans difficulté, lorsqu'il y a une clause d'emploi obligatoire dans le contrat de mariage ou dans l'acte de donation ; mais la question est plus délicate, lorsque cette clause n'existe pas. Si l'on admet la validité de l'emploi, on procure évidemment à l'époux un avantage, puisque, au lieu d'une simple créance, il a un droit de propriété. Néanmoins il me semble que l'article 558 C. com. tranche la question dans ce sens, puisqu'il autorise la femme à revendiquer les immeubles avec les *deniers* provenant de successions ou donations ; sous cette expression il faut certainement comprendre l'argent comptant. Comme il n'est guère admissible que le Code de commerce ait dérogé sur ce point au Code civil, je suis porté à croire que la règle implicitement consacrée par l'article 558 est générale ; l'article 1595 C. civ. fournit un argument de plus en faveur de cette opinion. Il dispose en effet que la cession d'un immeuble, faite par le mari à sa femme, est valable, lorsqu'elle a pour cause l'emploi de *deniers* à elle appartenant, qui ne tombent pas en communauté. Cette cession a évidemment pour conséquence de constituer un propre à la femme. D'ailleurs la validité de l'emploi est subordonné à des conditions, qui rendent la fraude difficile, et sur lesquelles je reviendrai bientôt.

4° Tous les autres immeubles que la femme a pu acquérir, soit à titre d'échange ou de remploi de ses propres, soit avec ses économies, et qui sont tous compris dans les termes généraux de l'article 559.

Si la femme peut revendiquer tous les immeubles qui lui appartiennent, en quoi donc consiste la restriction de la loi commerciale ? Elle est purement relative à la preuve, parce que le législateur a supposé, avec raison, qu'en cas de faillite les époux pourraient s'entendre, à l'effet d'attribuer fictivement à la femme des biens appartenant au mari. Les modes de preuves varient, suivant les causes d'acquisition :

1° A l'égard des immeubles apportés en dot ou advenus à titre gratuit au cours du mariage, l'article 557 ne fait aucune dérogation au droit commun. La femme reprend les premiers, en justifiant qu'elle en avait la propriété ou la possession légale avant le mariage, et les seconds en produisant ses titres d'acquisition (art. 1402 C civ.). Si la femme a vendu un immeuble avant le mariage sous clause de réméré, et opéré le rachat depuis, elle peut le revendiquer, à charge de tenir compte du prix, qui est présumé avoir été avancé par le mari. Par suite du rachat, l'immeuble est réputé n'avoir pas cessé de lui appartenir.

2° A l'égard des immeubles acquis des deniers provenant de successions ou donations, l'article 558 requiert trois conditions : 1° Que l'acquisition ait été faite par la femme et en son nom. Toutefois il est admis sans difficulté, que cette condition est suffisamment remplie, si c'est le mari qui a fait l'acquisition au nom de sa femme, et si la femme a donné son consentement, dans un temps assez éloigné de la faillite, pour écarter tout soupçon de fraude (Grenoble, 28 juin 1858, D. 59. 2. 191.) Si son acceptation est postérieure à la cessation des payements, elle ne produit aucun effet (art. 446 C. com.). — 2° Que la dèclaration d'emploi soit expressément stipulée au contrat d'acquisition. — 3° Que l'origine des deniers soit constatée par inventaire ou tout autre acte authentique. C'est dans cette troisième condition, que consiste la dérogation importante au droit commun. Non seulement il faut que la femme justifie de la provenance des deniers, mais il faut encore qu'elle fasse cette justification par acte authentique et distinct du contrat d'acquisition. Une simple énonciation dans ce contrat n'aurait aucune valeur.

C'est par le concours de ces trois conditions, que la femme fera la preuve de sa propriété (Cass. 8 janv. 1844) ; si l'une d'elles fait défaut, elle ne sera pas privée de tout droit, mais elle n'aura plus qu'une créance contre la faillite, garantie par l'hypothèque légale, aux conditions fixées par l'article 563.

Ces exigences peuvent sembler rigoureuses, mais elles montrent combien le législateur, tout en conservant à la femme ses propriétés loyalement acquises, a voulu prémunir les créanciers contre la possibilité d'une fraude. C'est parce qu'il s'agit d'un droit rigoureux, qu'il faut bien se garder de donner à l'article 558 une extension, que son texte ne comporte pas. C'est ce qui a été jugé dans une espèce, où l'emploi de deniers successoraux avait été fait, non pas en immeubles, mais en rentes sur l'État. Les raisons de décider sont les mêmes ; dans l'un et l'autre cas, les conditions requises par l'article 558 sont aussi nécessaires pour la sécurité des créanciers. Mais quand il s'agit de dispositions exceptionnelles, il n'est pas permis de les étendre par voie d'analogie. C'est ce qu'a décidé la Cour de cassation (1er décembre 1879, D. 80. 1. 230) : « Attendu que l'article 558, qui permet à « la femme du failli de reprendre les immeubles acquis « par elle et en son nom des deniers qui lui sont pro- « venus de donations ou successions, pourvu : 1° que « l'origine des deniers soit constatée par acte authen- « tique ; et 2° que la déclaration d'emploi soit expressé- « ment stipulée au contrat d'acquisition, ne s'applique

« qu'aux reprises immobilières de la femme du failli ; at-
« tendu que la femme R revendique, non un immeuble,
« mais une rente sur l'État, valeur mobilière ; qu'il lui
« suffisait, pour justifier sa revendication, d'établir que
« la rente avait été payée de deniers lui appartenant... »

A l'égard de tous autres immeubles revendiqués par la femme, c'est l'article 559 qu'on doit appliquer. Cet article, sous sa forme un peu ambiguë, établit clairement que la femme pourra reprendre tous ceux qu'elle justifiera avoir acquis de ses deniers. Mais il crée contre elle une présomption de fraude : l'argent, avec lequel elle a payé, est censé avoir été puisé dans la caisse du mari, et même quand l'acte d'acquisition ou la quittance énonce, que le payement a été fait de ses deniers personnels, cette énonciation, suffisante d'après le droit commun, ne prévaut pas, en cas de faillite, contre la présomption contraire.

Tel est, selon moi, le vrai sens de l'article 559, qui ne contredit pas l'article 558, et qui a été rédigé dans le même esprit. Comment la femme pourra-t-elle détruire cette présomption ? Faudra-t-il, comme dans le cas de l'article précédent, qu'elle prouve par acte authentique l'origine des deniers ? Là réside toute la difficulté.

Quand il s'agit de deniers provenant de successions ou donations, la production d'actes authentiques est facile, et pouvait être exigée, puisque les forces d'une succession sont ordinairement constatées par un inventaire, acte nécessairement authentique, et qu'une donation n'est valable, que si elle est faite par devant notaire. Mais soumettre la femme aux mêmes exigences quand il s'agit de biens acquis avec ses économies, c'eût été rendre la preuve impossible. Comment l'obliger à constater d'une manière authentique ses épargnes de chaque jour ? Et pourtant le législateur n'a pas voulu que les créanciers s'enrichissent avec les biens de la femme. Il devait donc l'autoriser à justifier de sa propriété par les moyens qui étaient en son pouvoir; il devait le faire, sous peine d'un déni de justice. Cela ne veut pas dire que toutes les preuves doivent être indifféremment admises; car il ne faut pas omettre que la femme est tenue en suspicion. Aussi, quand il lui aura été facile de se procurer une preuve authentique de l'origine des deniers, on ne devra pas aisément l'admettre à y substituer des actes dépourvus des caractères les plus probants. Mais c'est aux tribunaux qu'il appartient d'apprécier, d'après les circonstances particulières de la cause, si l'origine des deniers est ou non suffisamment établie.

M. Bédarride, le principal adversaire de cette doctrine, s'exprime ainsi : « Si, dans les cas de l'article 558, la preuve « par acte authentique est seule admissible, il y a un motif « plus grave pour l'exiger aussi dans celui qui nous oc- « cupe. Décider le contraire serait annuler cette disposi- « tion. Pourquoi la femme déclarerait-elle l'emploi, si, « dans ce cas, l'origine des deniers devait être prouvée « d'une manière authentique, tandis qu'en achetant pure- « ment et simplement en son nom, elle pourrait prouver « cette origine à l'aide de simples présomptions. Ce serait « de plus convaincre le législateur d'une inconséquence « flagrante. Il se serait en effet relâché de ses précautions, « au moment précisément où la fraude devient plus pro- « bable, parce qu'elle est plus facile. Ce qui est inadmis- « sible (*des Faillites*, III, p. 96.) » En quoi donc la fraude est-elle plus facile, et où est l'inconséquence du législateur?

Dans tous les cas, il existe contre la femme une présomption, d'après laquelle l'argent qui a servi à payer ses acquisitions est sorti de la caisse du mari; ainsi les créanciers n'ont jamais aucune preuve à faire, tout le fardeau en incombe à la femme. Les articles 558 et 559 ont donc été conçus dans le même esprit, et il n'y a entre eux aucune contradiction. Ce qu'il y a de vrai, c'est que le législateur s'est départi de sa rigueur, quand cette rigueur serait devenue de l'iniquité.

M. Bédarride paraît avoir omis qu'il s'agit de dispositions dérogatoires au droit commun, et que chacune d'elles doit être strictement circonscrite dans les cas prévus, comme l'a fait la Cour suprême, au sujet d'une valeur mobilière acquise avec des deniers de succession. Il est aisé de discerner les motifs, qui ont pu porter le législateur à exiger dans certains cas la production d'actes authentiques; mais, lors même que ces motifs n'apparaîtraient pas, il faudrait encore appliquer la loi avec les distinctions qu'elle comporte, parce que, toutes les fois qu'on sort du droit commun, il faut se renfermer dans les limites de l'exception.

L'article 562 me semble fournir un dernier argument à l'appui de cette thèse : après avoir consacré pour la femme le droit de se faire indemmiser des dettes, qu'elle a payées pour son mari, à la condition de justifier qu'elle les a payées de ses deniers, il la renvoie pour le mode de preuve à l'article 559. Est-il admissible que le législateur ait entendu assujettir la femme à établir par des titres authentiques la provenance des sommes d'argent, qu'elle a ainsi employées?

C'est la doctrine qui est enseignée par MM. Renouard, II. n° 299, Alauzet, IV. n° 1872, Massé, n° 1336, II. p. 463, Demangeat, V. p. 529, et qui a été consacrée dans un arrêt dela Cour de Paris (9 février 1867, D. 68. 2. 29) : « Attendu que, dans tout autre cas (que ceux « prévus par l'article 558), c'est-à-dire lorsque les

« deniers ont une autre origine, l'article 559, qui établit « une présomption de propriété contre la femme, au- « torise celle-ci à prouver contre cette présomption lé- « gale, et à établir que les immeubles par elle acquis ont « été payés de ses deniers personnels, et qu'ils lui ap- « partiennent; qu'aucune preuve spéciale n'est dans ce « cas imposée à la femme, que celles qu'elle peut four- « nir ne sont plus limitées et restreintes, comme dans « l'article précédent, aux actes authentiques, et que ce « serait ajouter à la loi que de rejeter celles qui sont « autorisées par le droit commun... »

Quelques auteurs proposent un tempérament, qui consiste à n'admettre une autre preuve, qu'au cas où la femme n'a pu se procurer un acte authentique, pour constater l'origine des deniers. Cette distinction n'existe pas dans la loi. C'est aux tribunaux à apprécier si, eu égard aux circonstances, il y a preuve suffisante. Vouloir leur imposer une autre règle, c'est tomber dans l'arbitraire.

Parmi les immeubles, auxquels se réfère l'article 559, on peut citer :

1° Les immeubles acquis en échange des propres de la femme. La preuve est facile, elle résulte de l'acte. Mais si la femme a une soulte à payer au coéchangiste, l'argent sera présumé avoir été fourni par le mari, sauf la preuve contraire, en la forme ci-dessus.

2° Les immeubles acquis en remploi de propres aliénés. Aux deux conditions exigées par l'article 1435 Code civil, il faut ajouter la nécessité pour la femme de prouver la provenance des deniers, comme il est dit à l'article 559.

3° Ceux que la femme a pu acquérir, soit avec des emprunts, soit avec des économies. Il faut supposer une femme ayant conservé l'administration et la jouissance de tout ou partie de sa fortune personnelle, une femme séparée de biens ou mariée sous le régime dotal. Elle a toujours les mêmes preuves à faire, plus ou moins faciles, suivant l'origine des deniers.

Du commentaire des articles 557, 558 et 559, il faut rapprocher celui de l'article 561 qui les complète :

Article 561 *: L'action en reprise résultant des dispositions des articles* 557 et 558, *ne sera exercée par la femme, qu'à la charge des dettes et hypothèques, dont les biens sont légalement grevés, soit que la femme s'y soit obligée volontairement, soit qu'elle y ait été condamnée.*

Cet article paraît superflu, et son introduction dans la section ne se comprendrait pas, si on ne le rapprochait de l'ancien article 548, dont la forme était si absolue, qu'il semblait s'appliquer même aux hypothèques consenties par une femme dotale sur son fonds inaliénable. C'est pour éviter la controverse qui était née de cette disposition, et qui, d'ailleurs, avait été tranchée suivant les principes généraux du Code civil, que la loi de 1838 a reproduit l'article, en y ajoutant le mot « légalement. »

Cet article ne déroge en aucune façon à l'article 1494 C. civ., suivant lequel la femme renonçante reste néanmoins tenue envers les créanciers, lorsqu'elle s'est obligée conjointement avec son mari, ou lorsque la dette est tombée de son chef dans la communauté, le tout sauf son recours contre le mari ou ses héritiers.

S'il ne réserve pas le recours de la femme, l'article 562 et l'article 563, § 3, le consacrent d''une manière expresse. Comme ce recours est garanti par l'hypothèque légale, il en résulte que l'article 561 profite uniquement aux créanciers hypothécaires, au payement desquels les immeubles de la femme sont spécialement affectés ; les créanciers chirographaires n'en tirent jamais aucun avantage, puisque, la femme ayant hypothèque sur les immeubles du mari pour l'indemnité des dettes, qu'elles a payées pour lui, reprend dans l'actif de la faillite, par préférence à la masse, tout ce qu'elle a déboursé.

2° *Reprise en nature des effets mobiliers.*

Le Code était, à cet égard, très parcimonieux. L'article 554 accordait seulement à la femme le droit de reprendre en nature : 1° les habits et linge nécessaires à son usage ; 2° les bijoux, diamants et vaisselle, qu'elle justifiait lui avoir été donnés par contrat de mariage, ou lui être advenus par succession seulement. Tous les autres objets mobiliers étaient acquis aux créanciers.

Cette disposition était si rigoureuse qu'il y avait tendance à l'interpréter dans un sens fort extensif. Ainsi la Cour de Rouen, dans une espèce où il s'agissait de savoir, si la femme avait le droit de reprendre d'autres effets mobiliers que les bijoux, diamants et vaisselle, avait dit, dans un arrêt du 25 août 1826, « que le second paragraphe « de l'article 554 ne doit pas être entendu dans un sens « limitatif et restrictif, mais qu'on doit au contraire « reconnaître qu'il contient des dispositions extensives. » On justifiait cette interprétation un peu large, en s'appuyant sur l'article 547, qui permettait à la femme de reprendre, non seulement les immeubles, comme l'avait proposé la section du Conseil d'État, mais tous les biens acquis par elle, et dont elle prouverait la propriété. Pour concilier ces deux articles, on disait que l'expression *effets mobiliers* avait, dans l'article 554, un sens restreint ; elle désignait uniquement les meubles à l'usage du mari ou de la femme, et ceux qui garnissent la maison ; quant aux autres objets mobiliers et aux meubles incorporels, leur reprise était réglée par l'article 547.

Cependant en Belgique, où le Code de commerce était en vigueur, la Cour de Bruxelles s'était prononcée pour l'application littérale du texte (2 décembre 1840).

Une autre question était celle de savoir, s'il ne fallait pas autoriser la femme à reprendre les bijoux, diamants et vaisselle, qui lui auraient été donnés depuis le mariage par acte entre vifs ou par testament, le silence de l'article 554 devant être considéré comme une omission.

Suivant une interprétation rigoureuse la femme n'avait pas ce droit ; mais, ainsi entendu, l'article 554 était peu conciliable avec l'article 546, qui autorisait la reprise des immeubles acquis avec les deniers provenant de successions ou de donations.

L'article 560 a fait cesser ces controverses, en accordant à la femme le droit de reprendre tous les effets mobiliers, qui ne sont pas entrés en communauté, comme elle pourrait le faire d'après le droit commun. « Votre « commission, disait M. Dufaure, dans la séance du « 23 février 1835, a trouvé dans l'article 554 une incon- « séquence : elle a donc étendu aux autres effets mobiliers « les dispositions, que le Code avait faites pour les objets « qui ont le plus de valeur, diamants, bijoux, argenterie ; « elle a pensé qu'il devait être permis à la femme de « reprendre tous les objets, qui n'entrent pas en commu- « nauté. Cette disposition comprend : 1° les meubles « apportés sous l'empire du régime dotal, et que la femme « peut reprendre d'après l'article 1564, C. civ. ; 2° les « meubles qui sont exclus de la communauté, et que la « femme peut reprendre aux termes de l'article 1498. »

Article 560 : *La femme pourra reprendre en nature les effets mobiliers, qu'elle s'est constitués par contrat de mariage, ou qui lui sont advenus par succession, donation entre vifs ou testamentaire, et qui ne seront pas entrés en communauté, toutes les fois que l'identité en sera prouvée par inventaire ou tout autre acte authentique.*

A défaut, par la femme de faire cette preuve, tous les effets mobiliers, tant à l'usage du mari qu'à celui de la femme, seront acquis aux créanciers, sauf aux syndics à lui remettre, avec l'autorisation du juge commissaire, les habits et linge nécessaires à son usage.

Suivant M. Massé, (II, n° 1338, p. 465), cet article apporterait une dérogation au droit civil, qui, au lieu d'accorder à la femme un droit de reprise en nature, ne lui accorderait qu'une simple créance. Il créerait donc une faveur pour la femme, à laquelle il est plus facile et plus sûr d'exercer ses reprises en nature, que de faire liquider une créance; mais cette faveur pourrait tourner quelquefois à son préjudice, pour les meubles qui se déprécient par l'usage, et dont il serait plus avantageux de réclamer la valeur.

Il serait assez étrange, que, dans un cas particulier, la loi commerciale se fût montrée plus favorable à la femme, que la loi civile. Mais cette anomalie, selon moi, n'existe pas : l'article 1503 C. civ., dans lequel M. Massé voit l'expression du droit commun, prévoit un cas particulier, celui où l'un des époux réalise son mobilier jusqu'à concurrence d'une certaine somme; cette clause n'empêche pas que tout son mobilier ne tombe en communauté. Mais dans tous les autres cas, le mobilier exclu,de la communauté, reste la propriété de l'époux, qui peut le revendiquer à sa dissolution (art. 1499 et 1504. C. civ.) C'est l'application de ce principe que l'article 560 fait au cas de faillite.

A quelles conditions la femme peut-elle exercer ses

reprises mobilières en nature ? Quel est le droit commun, et quelles sont les dérogations, que la loi de 1838 y a apportées ?

D'après le Code civil, il faut distinguer si la femme se trouve en présence du mari ou des créanciers. A l'égard du mari, l'article 1499 exige que le mobilier existant lors du mariage ou échu depuis, soit constaté par inventaire ou état en bonne forme. A défaut d'inventaire, l'article 1504 autorise la femme à prouver la consistance du mobilier échu depuis le mariage, soit par titres, soit par témoins, soit même par commune renommée. Cette exception se justifie, parce que la femme est, à partir du mariage, sous la dépendance du mari. Quoiqu'elle soit placée dans la section relative à la clause de réalisation, on l'applique généralement à tous les régimes, notamment à la communauté d'acquêts. A l'égard des créanciers, l'article 1510 exige, dans tous les cas, un inventaire ou état authentique. Cet article est placé sous la rubrique de la séparation des dettes, mais il s'applique, par identité de motifs, aux autres régimes. Il est rationnel que la loi exige une preuve plus difficile à l'égard des créanciers, qu'à l'égard du mari, puisqu'on peut craindre une collusion frauduleuse des époux, afin de soustraire à leurs poursuites des biens, qui constituent leur gage.

L'article 560 déroge-t-il à ces règles ? Il ne faut pas oublier que la femme se trouve, en cas de faillite, non pas en présence du mari, qui est dessaisi de l'administration de ses biens, mais en présence des créanciers, qui en sont investis. Pour qu'elle puisse reprendre ses effets mobiliers, deux conditions sont exigées : 1° preuve de l'apport ; 2° preuve de l'identité.

1° *Preuve de l'apport.* — Elle devra se faire, dit l'article 560, par inventaire ou tout autre acte authentique. L'article 1510 C. civ. ne dit pas autre chose.

2° *Preuve de l'identité.* — Comment pourrait-elle se faire autrement que par la comparaison des objets revendiqués, avec ceux décrits dans l'inventaire ou l'acte qui en tient lieu. Exiger davantage, ce serait demander l'impossible. Il est vrai que l'article 560 ajoute cette condition à celle qui est exprimée dans l'article 1510; C. civ. mais n'est-il pas évident que, si la femme voulait faire distraire d'une saisie des objets lui appartenant, elle devrait prouver leur identité avec ceux qui seraient constatés dans l'inventaire? La conséquence est que l'article 560 ne fait aucune dérogation au droit commun.

Quels sont les actes authentiques autres qu'un inventaire que la femme pourra produire à l'appui de sa demande ? 1° L'état énumératif et estimatif, annexé à l'acte de donation, requis par l'article 948 C. civ. à peine de nullité ; 2° l'acte de partage d'une succession dressé par un notaire ; 3° un jugement antérieur à l'ouverture de la faillite ; 4° le contrat de mariage, s'il contient l'énumération des effets mobiliers apportés par la femme. Mais la stipulation du contrat qui lui permettrait de reprendre ses effets sans aucune justification, ne serait pas opposable à la masse. (Paris, 9 février 1867, D. 68. 2. 29.)

A défaut par elle de faire la preuve ci-dessus, la femme perd le droit de reprendre ses biens meubles en nature ; elle conserve seulement une créance jusqu'à concurrence de leur valeur, créance garantie par l'hypothèque légale, aux conditions fixées par l'article 563.

II. — Restrictions de l'hypothèque légale

C'est au sujet de l'hypothèque légale que la loi de 1838 apporte les restrictions les plus graves au droit commun.

Le Code avait dépassé la juste mesure. Dans le projet du Conseil d'État, l'hypothèque de la femme ne devait frapper que les immeubles appartenant au mari à l'époque de la célébration du mariage, et seulement à dater de l'inscription. Sur les observations du Tribunat, la nécessité de l'inscription fut écartée, sauf à l'égard des immeubles acquis à titre gratuit depuis le mariage, sur lesquels l'hypothèque était admise. De nouveaux changements furent apportés au projet, par suite de l'intervention personnelle de l'empereur, et finalement le système fut admis, tel qu'il se trouvait formulé dans les articles 551, 552 et 553 ancien Code.

1° Relativement aux deniers et effets mobiliers, la femme n'avait d'hypothèque, que pour ceux qu'elle prouvait avoir apportés en dot, ce qui excluait ceux qui lui étaient échus pendant le mariage, soit par succession, soit par donation ou testament.

2° Cette hypothèque ne grevait que les immeubles possédés par le mari avant le mariage.

3° La restriction de l'hypothèque était applicable, non seulement à la femme qui épousait un commerçant, mais encore à celle qui épousait le fils d'un commerçant, qui, n'ayant aucun état ou profession déterminée, devenait ensuite négociant lui-même, quel que fût le temps écoulé depuis le mariage. Elle était également applicable à celle qui épousait un non-commercant, ayant une profession déterminée à l'époque du mariage, mais devenu commerçant dans l'année qui a suivi.

Ces dispositions étaient trop rigoureuses ; elles sacrifiaient, sans juste raison, les droits des femmes à l'intérêt des créanciers, et leur enlevaient des garanties, sur lesquelles elles avaient dû compter. La loi de 1838, sans faire retour au droit commun, est revenue à un système plus équitable, qu'elle a consacré dans l'article 563.

Article 563 : *Lorsque le mari sera commerçant au moment de la célébration du mariage, ou lorsque, n'ayant pas alors d'autre profession déterminée, il sera devenu commerçant dans l'année, les immeubles qui lui appartiendraient à l'époque de la célébration du mariage, ou qui lui seraient advenus depuis, soit par succession, soit par donation entre vifs ou testamentaire, seront seuls soumis à l'hypothèque de la femme :*

1° *Pour les deniers et effets mobiliers qu'elle aura apportés en dot, ou qui lui seront advenus depuis le mariage par succession ou donation entre vifs ou testamentaire, et dont elle prouvera la délivrance ou le payement par acte ayant date certaine ; —* 2° *pour le remploi de ses biens aliénés pendant le mariage ; —* 3° *pour l'indemnité des dettes par elle contractées avec son mari.*

Avant d'analyser les dispositions de cet article, il me paraît utile de rappeler les questions auxquelles a donné naissance le changement de législation. Ces questions ont perdu beaucoup de leur importance pratique par suite du long temps écoulé ; mais elles offrent encore un intérêt surtout théorique, parce qu'elles mettent en cause le grand principe de la non-rétroactivité des lois.

Il a été jugé, sous l'empire du Code de commerce, que ses dispositions ne pouvaient porter atteinte aux droits des femmes, mariées sous l'empire du Code civil ou des coutumes (art. 557 ancien C. com.)

Comme la loi de 1838 a amélioré le sort des femmes, c'est aux droits des créanciers qu'elle porte atteinte. Le peut-elle sans violer le principe de la non-rétroactivité?

Un commerçant s'est marié avant la promulgation de cette loi, et a fait faillite depuis : sa femme peut-elle en réclamer le bénéfice ?

On a soutenu, d'une manière générale, que jusqu'à la déclaration de faillite, la femme était placée sous l'empire du droit commun, et que, la faillite survenant, c'était la législation en vigueur au moment où ce fait se produisait, qu'on devait appliquer. Mais cette solution serait en opposition formelle avec celle qui a été admise par la jurisprudence, au profit de la femme mariée avant le Code de commerce, avec un négociant failli depuis. Si des créanciers ont acquis des droits sous la législation précédente, ils ne peuvent pas en être privés par les avantages, que la loi nouvelle a procurés à la femme.

Cette loi n'étant devenue exécutoire que du jour de sa promulgation, c'est à dater de cette époque seulement, que la femme peut en réclamer le bénéfice, et dès lors les droits acquis antérieurement par des tiers, doivent être respectés par elle.

Il en résulte qu'il y a une première distinction à faire entre les créanciers antérieurs à la loi de 1838, et ceux dont les titres sont postérieurs. — A l'égard de ces derniers, il n'y a aucune atteinte portée à des droits qui n'étaient pas encore nés, et par conséquent les dispositions nouvelles doivent recevoir tout leur effet.

A l'égard des autres, on distingue également entre les créanciers hypothécaires et les chirographaires. Sans aucun doute, les créanciers qui ont acquis un privilège ou une hypothèque sur les biens du mari, ne peuvent recevoir aucun dommage de l'extension, que la loi de 1838 a donnée à l'hypothèque légale de la femme. Le débiteur, qui a conféré une hypothèque sur ses biens, ne pourrait pas altérer le gage de son créancier, par la constitution d'une nouvelle hypothèque. Or ce que la convention ne pourrait pas faire, la loi ne le peut pas davantage, sans violer le principe de non-rétroactivité. Il est vrai que le droit de préférence du créancier hypothécaire, au regard de la femme, est subordonné à une déclaration de faillite, et que, sous ce rapport, il est conditionnel. Mais un droit conditionnel a la même force qu'un droit pur et simple, dès que l'événement auquel il était soumis se réalise. « Attendu que la femme, dont la condition était fixée à « l'égard de ce créancier par l'ancienne loi, n'a pu acqué- « rir par la loi nouvelle une préférence, qu'elle n'avait pas « antérieurement, et qui serait une cause de préjudice « pour un droit spécial affectant les immeubles du débi- « teur... » (Cass., 17 juillet 1844, D., Rép., *Faill.*, p. 338.)

Mais les créanciers chirographaires, dont les titres remontent à une date antérieure à la loi de 1838, ont-ils des droits acquis, en ce sens qu'ils puissent astreindre la femme à renfermer son hypothèque dans les limites du Code de commerce? Je ne le crois pas, et voici les motifs de l'opinion à laquelle je me rallie. Il n'est pas contestable que les créanciers, qui ont une hypothèque conventionnelle ou judiciaire, peuvent exercer leur droit de préférence à l'encontre de tous les créanciers chirographaires, sans distinction entre ceux dont les titres sont antérieurs ou postérieurs à leur inscription. La raison en est, que ceux-ci sont les ayants-cause de leur débiteur, et que tous les actes, qui sont opposables à ce dernier, leur sont également opposables. Ainsi les actes sous seing privé, qui font foi de leur date contre le débiteur, ont la même force à leur égard (art. 1322 C. civ.). Ainsi encore, dans une distribution par contribution, les fonds sont répartis entre tous les créanciers opposants, sans que ceux-ci soient recevables, les uns à l'égard des autres, à exciper du défaut de date certaine des titres qui sont produits. Ils ne cessent d'être de simples ayants-cause que quand ils ont acquis un droit propre, un droit privatif, par l'obtention d'un privilège ou d'une hypothèque. Jusque-là, le débiteur a tout pouvoir pour diminuer leur gage, soit par des aliénations, soit par des dations d'hypothèques. Or ce qui peut être fait par une convention, le législateur peut évidemment le faire. Il a pu, sans méconnaître des droits acquis, soumettre à l'hypothèque légale des biens qui en étaient antérieurement affranchis. S'il en était autrement, il faudrait aller jusqu'à dire que jamais l'hypothèque légale, que le mariage confère à la femme, ne pourra préjudicier aux créanciers antérieurs, ce qui est inadmissible et ce qui n'a jamais été soutenu.

Cependant l'opinion contraire est fortement défendue par M. Bédarride (*Faillites et Banqueroutes*, t. III, n°s 990 et suiv., p. 81) : les créanciers, dit-il, qui ont traité sous l'empire du Code de commerce, ont compté sur les garanties qu'il leur accordait; peut-être sans ces garanties n'eussent-ils pas contracté! peut-être eussent-ils exigé une sûreté spéciale, un gage, une hypothèque! — Je réponds : Ils ont eu tort de ne pas le faire, et de ne pas penser, que la législation pouvait varier. Ils ont eu tort de croire, qu'ils avaient des droits invariablement fixés sur tous les biens de leur débiteur, quand ces droits se restreignent aux biens restés libres au moment où ils exercent des poursuites.

N'est-ce pas, d'ailleurs, ce qui avait été jugé dans un cas analogue? Avant la promulgation du Code civil, il y avait encore des coutumes qui n'accordaient pas à la femme d'hypothèque légale sur les immeubles de son mari. Dans l'article 2135 C. civ., qui détermine le rang de l'hypothèque, il est dit : « Dans aucun cas, la disposition du pré- « sent article ne pourra préjudicier aux droits acquis à « des tiers avant la publication du présent titre. » Or il avait été unanimement reconnu que cette restriction ne profitait pas aux créanciers chirographaires, parce qu'ils n'avaient aucun droit acquis sur les biens grevés d'hypothèque. On insiste en disant qu'avant la loi de 1838, le mari n'aurait pu étendre l'hypothèque de la femme au delà des limites fixées par le Code de 1807. Cela est vrai, mais l'obstacle venait uniquement des défenses contenues dans ce code, que la loi de 1838 a fait en partie disparaître. Il faut donc décider, selon moi, qu'à l'égard des créanciers chirographaires antérieurs ou postérieurs, cette loi a produit tous ses effets depuis le jour de sa promulgation. C'est ce que la Cour de cassation a jugé par un arrêt fortement motivé :

« Attendu qu'en appliquant l'article 563, lors même « qu'il existe des créanciers chirographaires antérieurs « à sa publication, on ne lui donne pas d'effet rétroactif, « parce que ces créanciers n'avaient point, à l'égard de « la femme du failli et pour repousser l'hypothèque par « elle réclamée, des droits définitivement acquis et irré- « vocablement conférés ; que leurs titres, en effet, ne leur « attribuaient aucune cause de préférence, aucun droit « singulier et spécial sur les immeubles de leur débiteur, « qui pouvait valablement les aliéner ou les grever d'hy- « pothèque ; que, soumis ainsi aux éventualités des con- « ventions faites par le failli, tant qu'il avait eu le libre « exercice de ses droits, ils doivent l'être, à plus forte « raison, aux modifications législatives, dont l'expérience

« a fait reconnaître la nécessité, et que l'intérêt public a « réclamées... » (Cass., 3 janvier 1844, D. 44. 1. 93.)

L'article 563 comprend trois parties, qui feront l'objet des trois paragraphes suivants :

1° Dans quels cas s'appliquent les dispositions exceptionnelles de cet article?

2° Quels sont les immeubles soumis à l'hypothèque légale et ceux qui en sont affranchis?

3° Quelles sont les créances qu'elle garantit?

1° *Cas dans lesquels s'applique l'article* 563. Deux cas sont prévus :

1° Le mari était commerçant à l'époque du mariage ; la femme a connu les risques auxquels elle s'exposait, et s'y est volontairement soumise ;

2° Le mari, qui n'avait pas de profession déterminée lors de son mariage, est devenu commerçant dans l'année, qui a suivi la célébration. La femme a pu prévoir cette éventualité, et l'a acceptée.

Cette première partie de l'article 563 n'exige guère de commentaire. La définition du commerçant est donnée par l'article 1er du Code de commerce : *Sont commerçants ceux qui exercent des actes de commerce, et en font leur profession habituelle.* Il ne suffit donc pas que le mari ait fait quelques actes de commerce isolés, pour que la femme encoure l'application de notre article. La qualité de commerçant qu'il aurait prise dans son contrat de mariage, ou dans tout autre acte, ne serait pas décisive contre la femme, mais elle lui imposerait la charge de prouver que cette déclaration est inexacte. (Cass.,

24 janvier 1872, D. 72. 1. 93). — De ce que le mari exerçait, lors de son mariage, une profession incompatible avec celle de commerçant, par exemple celle de notaire, il ne résulterait pas nécessairement que l'article 563 ne fût pas applicable à sa femme, s'il faisait déjà habituellement des actes de commerce.

Que faut-il entendre par profession déterminée?

C'est une question de fait, qui doit être tranchée par les tribunaux. (Jugé qu'un clerc de notaire n'a pas une profession déterminée.)

Une femme épouse un mineur, qui fait le commerce, sans y avoir été autorisé de la manière prescrite par l'article 2 C. com. Plus tard un ordre est ouvert sur le prix d'un des immeubles de son mari, acquis pendant le mariage : les créanciers inscrits veulent faire rejeter la collocation hypothécaire de la femme, en prétendant que son mari est en état de cessation de payements. Celle-ci répond, avec une jurisprudence constante, que le mineur qui fait des actes de commerce, sans que les prescriptions de l'article 2 C. com. aient été observées, ne peut être réputé commerçant ; qu'il n'est pas justiciable des tribunaux de commerce, et ne peut être déclaré en faillite. La faillite du mari étant la condition essentielle, et sa déconfiture étant insuffisante, pour entraîner contre la femme les rigueurs de la loi commerciale, l'article 563 ne saurait être invoqué dans l'espèce. Il n'y a pas lieu d'examiner si le mari a pu devenir ensuite commerçant, lorsqu'il est arrivé à sa majorité, et s'il pourrait être alors déclaré en faillite ; car, pour que l'article 563 soit applicable, il faut que le mari soit commerçant à l'époque du mariage, ou qu'il le soit devenu dans l'année, qui a suivi sa célébration ; or l'une et l'autre de ces conditions font ici défaut.

Battus de ce côté, les créanciers se rejettent sur la disposition de l'article 1125 C. civ., suivant laquelle le mineur a seul qualité, pour se prévaloir de son incapacité et faire annuler ses engagements. Mais la femme répond, avec raison, qu'elle n'a pas contracté personnellement avec le mineur ; il n'y a que les créanciers qui aient contracté avec lui et qui, ne puissent lui opposer son incapacité, pour faire annuler leurs conventions.

D'ailleurs ce n'est pas l'article 1125 C. civ. qu'elle invoque, c'est l'article 2 C. com., d'après lequel les actes de commerce, faits par un mineur non habilité, sont nuls, sans qu'il soit besoin d'examiner, si la lésion existe ou n'existe pas. Elle ne demande pas la nullité des actes faits par son mari ; elle se borne à prétendre qu'il n'est pas commerçant, et ne peut pas être mis en faillite ; que les conséquences de la faillite ne peuvent donc lui être opposées.

La Cour de cassation (18 avril 1882, S. 83. 1. 161) a donné gain de cause à la femme contre les créanciers. Aux motifs juridiques déduits dans l'arrêt, M. Lyon-Caen (note sous l'arrêt dans Sirey) ajoute une considération d'équité : c'est que les créanciers sont en faute d'avoir contracté avec un mineur non habilité, soit qu'ils aient connu son incapacité, soit qu'ils l'aient ignorée ; car ils sont au moins coupables de négligence. La femme au contraire n'a aucune faute à se reprocher : la minorité de son mari lui offrait une garantie contre les dangers du commerce, qu'il ne pouvait légalement exercer, et il serait injuste de lui faire supporter les conséquences d'une situation, qu'elle n'a pas dû prévoir.

2° *Des biens soumis à l'hypothèque légale.* — Les seuls biens qui, en cas de faillite, restent soumis à l'hypothèque légale sont : 1° les immeubles appartenant au mari à l'époque de la célébration du mariage ; 2° ceux qui lui sont advenus depuis par succession, donation ou testament. Ainsi sont exclus les immeubles acquis à titre onéreux depuis le mariage, parce qu'ils sont présumés avoir été payés avec l'argent des créanciers.

Cette disposition est beaucoup plus juste que celle du Code de commerce, qui affranchissait de l'hypothèque les immeubles acquis même à titre gratuit pendant le mariage, puisque, à leur égard, la même présomption n'existe pas.

1° Immeubles appartenant au mari au moment du mariage. — C'est à la femme à prouver que le mari en était propriétaire à cette époque ; car tous les biens sont réputés acquêts de communauté jusqu'à preuve contraire. (art. 1402 C. civ.) Comment pourra-t-elle faire cette preuve? L'article 1341 C. civil qui exige une preuve écrite au-dessus de 150 francs n'est pas applicable, parce que la femme n'a pas été partie au contrat d'acquisition. Mais faut-il aller jusqu'à décider, que la femme pourra prouver par témoins, contre les créanciers, qu'un immeuble, dont le titre d'acqnisition est postérieur au mariage, a été acquis en réalité avant cette époque, et se trouve ainsi soumis à son hypothèque légale ? Oui, parce que, la femme étant étrangère au contrat, l'acte ne fait pas foi contre elle. C'est ce qu'a jugé la Cour de Grenoble, le 28 juin 1858 (D. 59. 2. 191). Mais la Cour a basé sa décision sur un motif, qui ne me paraît pas juridique : c'est que, les créanciers étant les ayants-cause du failli, la femme est recevable à faire contre eux toutes les preuves, qu'elle est autorisée à faire contre le mari. Non, les créanciers ne sont pas, dans ce cas, de simples ayants-cause; ils sont des tiers, à l'égard de la femme, puisqu'ils défendent leur gage contre un droit privatif, qu'elle puise dans son hypothèque légale. Si néanmoins elle peut faire la preuve testimoniale, c'est uniquement parce qu'on lui oppose un acte, auquel elle n'a pas participé, et qu'elle ne peut pas être victime d'une fraude ou d'une simulation.

Il n'est pas nécessaire, au surplus, que le mari ait eu la propriété des immeubles avant le mariage ; il suffit qu'il l'ait acquise depuis en vertu d'une cause antérieure : par exemple, au moyen d'une prescription commencée avant cette époque, car l'effet de la prescription remonte au jour où la possession a commencé : ou bien, par suite de l'annulation d'une aliénation antérieure (rescision d'une vente pour cause de lésion, résolution pour défaut de payement du prix, révocation d'une donation) ; ou encore par l'exercice d'un réméré. Ces diverses causes d'acquisition ont pour effet de faire considérer l'immeuble comme n'étant jamais sorti du patrimoine du mari.

C'est pour le même motif que l'hypothèque légale atteint l'immeuble, que le mari aurait ameubli par contrat de mariage, dans l'hypothèse où la femme renonce à la communauté. Par suite de la renonciation, celle-ci est réputée n'avoir jamais eu aucun droit sur les biens communs, qui sont censés avoir toujours été la propriété exclusive du mari. L'immeuble ameubli continue donc d'appartenir à ce dernier, après la renonciation de la femme, au même titre qu'avant le mariage. Ces principes subsistent, nonobstant la faillite, puisque l'article 563 n'a apporté, sous ce rapport, aucune dérogation au droit commun. Quant aux créanciers, ils n'ont pas dû compter sur l'immeuble comme sur un gage assuré ; ils ont dû prévoir la renonciation possible de la femme avec toutes ses conséquences. S'ils n'ont pas tenu compte de cette éventualité, ils n'ont qu'à s'en prendre à eux-mêmes de leur imprudence (Cas., 26 janvier 1876, D. 76. 1. 62.)

2° Immeubles acquis depuis le mariage par succession, donation ou legs. — Si le mari s'est rendu adjudicataire sur licitation d'un immeuble, dont il était propriétaire indivis, par suite d'une succession ouverte avant ou depuis le mariage, l'hypothèque légale s'étend-elle sur la totalité de l'immeuble ? Deux opinions contraires sont enseignées par la doctrine, et consacrées l'une et l'autre par la jurisprudence.

Suivant la première, l'immeuble tout entier est soumis à l'hypothèque, par application de l'article 883 C. civ., d'après lequel chaque héritier est censé avoir succédé seul et immédiatement aux biens compris dans son lot ou à lui échus sur licitation.

C'est un principe général auquel l'article 563 n'a pas dérogé, son silence démontre que le législateur s'en est référé sur ce point au droit commun. Comme la femme en éprouverait préjudice, si l'immeuble était échu à l'un des cohéritiers de son mari, l'équité veut que, par voie de réciprocité, son hypothèque s'étende à la totalité de l'immeuble, si c'est son mari qui s'en est rendu adjudicataire. (Metz, 14 nov. 1867, et Douai, 26 nov. 1868, D. 69. 2. 43. — Cass., 10 nov. 1869, D. 69. 1. 501. — Renouard, *Des faillites*, II, 313. — Alauzet, *C. de commerce,* IV, 1881. — Demangeat sur Bravard, *Droit commercial*, p. 565, à la note.)

Suivant la seconde, la femme ne peut exercer son droit hypothécaire sur tout ce qui excède la part, qui appartenait originairement au mari. L'article 563 soustrait à l'hypothèque légale tous les biens acquis à titre onéreux depuis le mariage, sans aucune distinction entre les divers modes d'acquisition; il suffit que l'immeuble ait été acquis et payé depuis le mariage, pour qu'il ne soit pas grevé de l'hypothèque.

La fiction de l'article 883, admise pour déterminer les effets du partage ou de la licitation entre les héritiers, est incompatible avec l'article 563, auquel elle porterait une grave atteinte. (Caen, 21 avril 1866, D. 69. 2. 43. — Esnault, *Des faillites*, III, 600. — Massé, *Droit commercial*, II, 1435. — Demolombe, XVII, 328.)

MM. Aubry et Rau (III, *Priv. et hyp.*, p. 236 et la note), tout en se ralliant à cette opinion, font observer que l'hypothèque de la femme devrait frapper la totalité de l'immeuble, dont le mari était copropriétaire, lorsqu'il résulte de l'acte de partage, que ses cohéritiers ont été remplis de leurs droits en valeurs héréditaires. En pareil cas, la présomption légale que l'acquisition a été faite avec les deniers des créanciers, s'évanouit; et il est vrai de dire, même au point de vue spécial de l'article 563, que la totalité de l'immeuble est advenue au mari par succession.

Selon moi, la vérité est dans le deuxième système, mais avec le correctif qu'y apportent MM. Aubry et Rau. L'article 563 est formel, il ne permet pas à la femme de de faire valoir son hypothèque légale sur des acquisitions immobilières faites par le mari à titre onéreux, parce qu'elle ne doit jamais s'enrichir avec l'argent des créanciers. Par conséquent la fiction de l'article 883 ne saurait être admise, quand elle aboutirait à violer cette prohibition. Mais si, par l'effet du partage, chaque cohéritier a été rempli de sa part héréditaire en valeurs de succession, la défense de l'article 563 cesse d'être enfreinte, et l'hypothèque s'étend sur tout l'immeuble, qui a été attribué au mari pour ses droits héréditaires. Il n'y a pas à distinguer entre un partage, où tous les biens ont été répartis entre les cohéritiers, et celui où il a été procédé à une licitation, par suite de laquelle le mari est devenu adjudicataire de l'immeuble, puisque, pour réaliser cette acquisition, il n'a dû tirer aucun argent de sa caisse. Il est vrai que cette attribution peut nuire aux créanciers, si le mari reçoit des immeubles au delà de sa portion héréditaire; mais ceux-ci ont toujours le droit d'intervenir au partage, pour empêcher qu'il soit fait en fraude de leurs droits, ou même de l'attaquer par voie d'action Paulienne, s'il a été fait au mépris de leurs oppositions (art. 882 et 1167 C. civ.).

Les immeubles acquis par le mari depuis le mariage à titre d'échange ou de remploi de ses propres, sont-ils soumis à l'hypothèque légale? Oui, l'article 563 cesse d'être applicable, parce que les motifs qui l'ont inspiré n'existent plus. Mais, s'il y a eu payement d'une soulte, l'hypothèque doit être restreinte à la valeur de l'immeuble aliéné par voie d'échange ou de remploi.

L'hypothèque légale s'étend-elle aux constructions, réparations et améliorations, faites sur des immeubles qui en sont grevés, lorsqu'il en est résulté une plus-value? Oui, avec l'article 2133 C. civ., d'après lequel l'*hypothèque acquise s'étend à toutes les améliorations survenues à l'immeuble hypothéqué*. Non, avec l'article 563 C. com., et avec l'esprit de la loi, qui ne permettent pas à la femme de s'enrichir avec l'argent des créanciers. C'est de l'opposition de ces deux règles que naît la question. On peut distinguer trois hypothèses :

1° Des constructions ont été érigées sur un terrain nu. — Dans ce cas, l'hypothèque ne s'étend pas à ces constructions. « Comment admettre, fait observer avec raison « M. Bédarride, que la femme qui ne saurait faire porter « son hypothèque légale sur un immeuble de quelques

« cents francs acquis depuis le mariage, puisse la faire « peser sur des constructions, qui ont fait d'un terrain « nu et presque sans valeur, un immeuble important, « valant 10, 20, 30,000 francs? » (Faill. III. n° 1034), Ce serait pour un mari un moyen facile d'éluder la loi, et de procurer à sa femme une large garantie, qui la mettrait à l'abri des conséquences de la faillite.

Cependant la Cour de Rouen (29 décembre 1855, D. 57. 2. 197) a jugé que les constructions faites par le mari sur un terrain nu, qu'il possédait lors du mariage, sont, en cas de faillite, soumises comme le terrain lui-même à l'hypothèque légale. Elle s'est appuyée sur deux motifs: 1° l'article 2133 C. civ., sous le nom d'*améliorations*, comprend même les constructions nouvelles; 2° toutes les fois que l'article 563 n'y a pas dérogé formellement, il laisse subsister les principes du droit civil. Voici ce qu'on peut répondre : c'est par l'effet d'une convention tacite que l'hypothèque s'étend aux constructions élevées sur l'immeuble qui en est grevé. D'après le droit commun, le débiteur est libre d'accorder au créancier une hypothèque nouvelle ou d'augmenter celle qu'il lui a déjà consentie. Mais c'est précisément pour ce motif, que l'article 2133 ne peut pas s'appliquer au cas actuel. Il y a lieu, en effet, de supposer que c'est par suite d'une entente entre les époux, que la valeur des biens soumis à l'hypothèque a été augmentée par l'addition de constructions ; si l'hypothèque devait s'étendre à ces constructions, il leur serait trop facile d'éluder l'article 563. En cas de vente de l'immeuble, on devra procéder à une ventilation par voie d'expertise, pour déterminer la portion du prix, sur lequel la femme aura un droit de préférence.

2° Des réparations ont été faites. — Il ne me paraît

pas que, dans ce cas, il y ait lieu d'admettre la même solution ; car, d'une part, la nécessité des travaux écarte tout soupçon de fraude, et, de l'autre, il serait difficile de déterminer la plus-value, qu'ils ont donnée à l'édifice.

Il ne faut pas que des mesures de précaution, prescrites en faveur de la masse, prennent un caractère vexatoire à l'endroit des époux, et les détournent de maintenir leurs fonds en bon état.

3° Mais au lieu de simples réparations, ce sont des constructions nouvelles qui ont été érigées, — ou bien c'est une maison qui menaçait ruine, et qui a été rebâtie; ou bien encore c'est une grange, une étable, un hangar, qui a été ajouté à une ferme ; un étage qui a été élevé sur une maison. Dans tous les cas, y aura-t-il lieu à ventilation, pour distraire du prix la portion correspondante à ces travaux? Il est impossible de poser une règle absolue; mais il me semble qu'il y aura lieu de considérer ces constructions comme des acquisitions nouvelles, toutes les fois qu'elles seront assez considérables pour donner à l'immeuble une plus-value aisément appréciable. C'est la doctrine qui paraît avoir été admise par la Cour de cassation, dans un arrêt du 24 janvier 1838 (D. 38. 1. 51). En exigeant que les créanciers articulassent des faits propres à déterminer la nature el l'importance des constructions, pour rendre la demande en expertise recevable, elle a implicitement reconnu leur droit. — Beaucoup d'auteurs, parmi lesquels je citerai MM. Renouard (*op. cit.*, II, p. 344) et Bédarride, *op. cit.*, III, n° 1034) enseignent la même doctrine. Les cours d'appel ont une tendance à étendre l'hypothèque légale au delà des limites étroites, que lui a tracées l'article 563. (Grenoble, 28 juin 1858, D. 59. 2. 191. — Caen, 3 juin 1865, S. 65. 2. 310.)

Les biens acquis à titre onéreux pendant le mariage, mais aliénés avant la faillite, sont-ils soumis à l'hypothèque légale, ou au contraire en sont-ils affranchis, en vertu de l'article 563?

La difficulté vient de ce que, ces biens étant sortis du patrimoine du mari, la faillite paraît tout d'abord n'avoir aucun intérêt à contester l'hypothèque de la femme. Cet intérêt peut exister cependant dans certains cas, et quand la masse est désintéressée, il y a encore les créanciers hypothécaires du failli qui ont le plus grand intérêt à faire écarter l'hypothèque de la femme. Ces créanciers et le syndic, représentant la masse, pourront-ils faire rejeter sa collocation, dans l'ordre ouvert sur le prix des biens dont il s'agit? Plusieurs hypothèses peuvent se présenter :

1° La femme est seule créancière hypothécaire et le prix est encore dû; dans ce cas, l'intérêt de la masse est évident, puisque, à défaut de l'hypothèque légale, le prix sera versé dans la caisse de la faillite et distribué entre les créanciers. L'action du syndic est certainement recevable.

3° L'hypothèque de la femme est en concours avec d'autres hypothèques, qui proviennent toutes du chef de l'acquéreur, aucune du chef du failli. La faillite est complètement désintéressée dans l'ordre ; son intérêt même est que la femme y soit utilement colloquée, puisque tout ce qu'elle recevra de ce côté, elle le réclamera en moins dans la faillite. Les créanciers hypothécaires n'ont pas le droit de s'opposer à sa collocation, parce qu'ils ne sont pas les ayants-cause du failli; et que c'est uniquement au profit de ces derniers, que l'hypothèque légale a été restreinte.

3° La femme est en concours avec des créanciers du failli, dont les inscriptions portent sur d'autres immeubles restés dans le patrimoine, et le prix en distribution est insuffisant pour couvrir toutes les hypothèques. A cause de cette insuffisance, les créanciers, primés par la femme, vont faire refluer leur action sur les autres biens. Dans ce cas et dans d'autres analogues, la masse a intérêt à contester l'hypothèque de la femme, et elle pourra le faire avec succès.

4° Les créanciers hypothécaires, primés par la femme, n'ont d'hypothèque que sur l'immeuble aliéné. Le syndic est sans intérêt à contester le droit de préférence de la femme; en effet, si elle n'obtient pas collocation dans l'ordre, elle produira dans la faillite comme créancière chirographaire, et le résultat, pour la masse, sera le même. Les créanciers hypothécaires, dont l'intérêt est seul en cause, sont-ils recevables à faire rejeter sa collocation? La jurisprudence ne fait aucune distinction entre les diverses espèces de créanciers, et leur reconnaît à tous le droit d'invoquer l'article 563. (Rouen, 20 mai 1840. — Agen, 22 juillet 1859, S. 60. 2. 86. — Nancy, 27 mai 1865, S. 66. 2. 345.)

M. Labbé (note sous l'arrêt de Nancy) critique cette doctrine, en ce qu'elle est trop absolue. Suivant lui, l'article 563 déroge au droit commun; il est très rigoureux, puisqu'il sacrifie, sur une présomption, l'une des garanties de la femme à l'intérêt des créanciers. Par conséquent il doit être interprété restrictivement, et en tenant compte des motifs qui l'ont fait édicter. L'intérêt que le législateur a eu en vue, est celui de la masse; et c'est uniquement sur la poursuite du syndic, qui la représente, que l'hypothèque légale de la femme pourra être restreinte. Comme les immeubles aliénés sans fraude sont

sortis irrévocablement du patrimoine du débiteur, les créanciers chirographaires n'y ont plus aucun droit, et l'action du syndic doit être déclarée non recevable, à moins qu'il ne soit établi, que la collocation de la femme puisse nuire à la masse. M. Labbé prévoit plusieurs espèces, où ce préjudice existe, analogues à celles que j'ai examinées. Hormis ces cas, le syndic est sans intérêt, et dès lors sans action, pour empêcher la collocation de la femme. Quant aux créanciers hypothécaires, ils ont certainement intérêt à s'y opposer ; mais ils n'ont pas d'action, parce que le législateur ne s'est pas préoccupé de sauvegarder leur gage, et qu'il n'a eu en vue que l'intérêt général de la masse.

Ces raisons sont très spécieuses, mais ne me paraissent pas décisives. Elles introduisent dans l'article 563 une distinction, qui ne s'y trouve pas. Il est très vraisemblable que le législateur, en édictant cet article, a pris en considération l'intérêt général des créanciers, plutôt que les garanties particulières de quelques-uns d'entre eux ; mais rien ne prouve, qu'il ait voulu priver ceux-ci de la protection, qu'il accordait aux autres. La présomption légale, sur laquelle est fondé l'article 563, existe aussi bien à leur égard qu'à celui de la masse, et dès lors, je ne vois pas de motif pour leur enlever le bénéfice de cette disposition. J'en conclus que les créanciers hypothécaires out le droit de s'opposer à la collocation de la femme, sur les immeubles aliénés par le mari avant la faillite, lors même que la masse n'y a aucun intérêt : ils ont un droit propre, qui est attaché à leur qualité de créanciers de la faillite.

Si le failli avait obtenu un concordat, qui pourrait s'opposer à la collocation de la femme, sur le prix d'un immeuble aliéné avant la cessation des payements ? Suivant l'opinion générale, ce droit n'appartient pas au mari concordataire ; mais il subsiste au profit des créanciers chirographaires, si cette collocation leur cause préjudice, et des créanciers hypothécaires, qui tiennent leur droit du débiteur failli. Au contraire, M. Labbé le refuse aux créanciers hypothécaires, pour les motifs ci-dessus ; il le refuse également aux créanciers chirographaires, parce qu'ils n'ont plus aucun droit sur un immeuble, sorti du patrimoine du failli ; mais il l'accorde au failli concordataire lui-même, qui est « en quelque « sorte, aux droits de la masse, qu'il a désintéressée, qu'il « a satisfaite par ses promesses, » et qui « peut, jusqu'à « la réhabilitation, se prévaloir des nullités, des dé- « chéances, qui ont été produites par la faillite. » Comment pourra-t-il remplir ses engagements, « si, le « concordat voté, les nullités, dont profiterait la masse, « disparaissent au regard du débiteur? » Je persiste à croire, néanmoins, que le mari ne pourra jamais exercer une action, que la loi n'accorde qu'aux créanciers ; il lui serait trop aisé, en masquant son intérêt personnel sous celui de ses créanciers, de tirer de la loi un profit, qu'elle ne lui concède pas. Mais je crois également que, même, après le concordat, et jusque à son entière exécution, tous les créanciers peuvent contester l'hypothèque légale, chaque fois qu'ils y ont intérêt.

III. — Créances garanties par l'hypothèque légale

Si l'on compare l'article 563, § 1, avec l'ancien article 551, on voit l'extension très légitime donnée par la loi de 1838 à ces créances. En effet l'article 551 ne mentionnait que les deniers ou effets mobiliers apportés en dot, tandis que l'article 563 étend la garantie de l'hypothèque à ceux qui proviennent de succession, donation ou testament. Le Code avait porté la rigueur jusqu'à l'inconséquence, car, tout en excluant de l'hypothèque les deniers provenant de libéralités faites à la femme depuis le mariage, il autorisait celle-ci, par l'article 546, à revendiquer les immeubles acquis avec ces deniers.

Si l'on compare la nouvelle disposition avec l'article 2135 C. civ., on voit qu'elle contient la restriction suivante : d'après le droit civil, la femme a hypothèque pour la dot et les conventions matrimoniales, tandis que l'article 563 ne la lui confère que pour la dot ; ce qui est exclu, sous ladénomination de conventions matrimoniales, ce sont les avantages faits par le mari à la femme, soit sur ses biens personnels, soit sur les biens de communauté.

Il n'est pas douteux, d'ailleurs, que ce ne sont pas seulement les deniers apportés en dot, qui profitent de l'hypothèque, mais aussi tous les effets mobiliers, dont la reprise en nature ne pourra pas être faite, soit parce qu'ils consistent en choses fongibles, soit parce que, lors de leur apport, ils ont été estimés sans la mention que l'estimation ne vaut pas vente, soit parce que la femme ne peut pas faire les preuves requises par l'article 560.

A défaut de la reprise en nature, la femme pourra avoir, de ce chef, une créance hypothécaire, si elle fait les justifications légales. Mais c'est surtout au sujet de la nature de ces justifications, que la disposition, dont je m'occupe, déroge au droit commun.

1° *Pour la dot et les deniers provenant de succession, donation ou testament.* — D'après le Code civil, il faut que les titres constitutifs de ces créances aient date certaine ; condition facile à remplir pour les créances dont il s'agit, puisqu'elles dérivent d'un contrat de mariage, d'une succession, d'une donation ou d'un legs ; mais il n'est pas nécessaire, que le versement des fonds soit établi de la même manière. Ainsi la femme pourra invoquer la présomption de l'article 1569, suivant laquelle le mari est censé avoir reçu la dot, quand il s'est écoulé dix ans depuis le mariage, sans réclamation de sa part.

D'après l'article 563, il faut que la délivrance ou le payement soit constaté par acte ayant date certaine. L'ancien article 551 n'admettait, pour la justification des apports, que des actes authentiques ; il n'exigeait pas formellement la preuve du payement ou de la délivrance ; mais la jurisprudence l'avait interprété dans le sens le plus rigoureux. Un arrêt de la Cour de cassation du 21 février 1827 (D. 27. 1. 145) avait décidé qu'il ne suffisait pas, pour que le vœu de l'article 551 fût rempli, qu'il fût exprimé dans le contrat de mariage, que la femme s'est constitué une certaine somme en dot ; qu'il fallait de plus que le payement de cette somme fût établi d'une manière authentique ; qu'à défaut de preuve écrite, il ne pouvait résulter de présomptions et de circonstances. L'article 563 est plus explicite : il exige la preuve de la délivrance ou du payement; mais il est aussi moins rigoureux, car il n'exige, pour faire cette preuve, qu'un acte ayant date certaine. (Cass., 13 août 1868, D. 70. 1. 126.)

Il a été jugé avec raison, que la présomption, qui résulte du délai de dix ans écoulé depuis le mariage, (art. 15 69) ne saurait suppléer à cette preuve. (Angers, 23 décembre 1868, D. 69. 2. 33. —Poitiers, 21 juin 1881, D. 82. 2. 224). « Attendu, dit la Cour d'Angers, que l'ar-
« ticle 1569 règle les intérêts de la femme dotale par
« rapport à son mari, tandis que l'article 563 C. com.

« règle les intérêts de la femme par rapport aux créan-
« ciers du mari tombé en faillite, et que c'est dans la
« loi spéciale à la faillite, qu'il convient de rechercher
« les règles à suivre, pour tout ce qui concerne la fail-
« lite ; — que l'article 1569 admet en faveur de la
« femme une présomption qui, alors même que la dot n'a
« pas été payée, en rend le mari responsable, tandis que
« l'article 563 n'admet aucune présomption ; que l'ar-
« ticle 1569, qui suppose simplement le payement, ne
« peut être substitué à l'article 563, qui exige impérieu-
« sement, non seulement la réalité du payement, mais
« de plus la preuve de ce payement dans une forme dé-
« terminée par l'article 1328 C. civ. ; que l'article 563
« a voulu déjouer les collusions frauduleuses, qui peu-
« vent s'établir entre les époux au détriment des créan-
« ciers de la faillite..... »

Y a-t-il preuve suffisante du versement de la dot, si le contrat de mariage porte quittance, ou contient la mention, que l'acte de célébration vaudra quittance, quand la célébration a eu lieu sans réserve ni protestation du mari? La Cour de cassation, persistant dans sa jurisprudence antérieure, a décidé l'affirmative (22 février 1860, D. 60. 1. 181).

« Attendu que l'on objecte en vain que cette quittance,
« qui ne prouve que la libération du débiteur, et non le
« payement réel de la dot, dont elle ne fait et ne peut
« faire aucune mention, laisserait toutes facilités à la
« fraude, que la loi a voulu prévenir, s'il était possible
« de l'opposer aux créanciers du failli ; qu'en effet la
« nécessité d'une quittance spéciale ne donnerait aucune
« garantie de plus contre cette fraude possible, l'ar-
« ticle 563 acceptant comme preuve suffisante du paye-
« ment réel de la dot la quittance même sous seing privé,

« pourvu qu'elle ait date certaine, et rien n'empêchant « dès lors le mari de déclarer mensongèrement dans « cette quittance, qu'il a reçu ce que cependant il n'au- « rait pas touché ; — attendu, d'ailleurs, que les créan- « ciers sont armés contre la fraude, qu'il leur est toujours « permis de prouver contrairement aux énonciations de « la quittance..... »

Si le payement de la dot n'est pas établi par acte ayant date certaine, la femme n'a pas d'hypothèque légale pour ses reprises; mais peut-elle, néanmoins, se faire admettre au passif de la faillite, comme créancière chirographaire, en faisant les seules justifications requises par le droit commun ?

La question consiste à savoir quelle est la situation respective de la femme et des créanciers. Ils sont tous les ayants-cause du failli, à titre de simples créanciers chirographaires, et par suite, d'après le droit commun, ils n'ont pas besoin de produire, les uns contre les autres, des titres ayant date certaine (art. 1322 C. civ.). L'article 563 déroge-t-il à cette règle ? En aucune façon, puisque son objet, clairement indiqué, est de déterminer les conditions, auxquelles la femme pourra faire valoir un droit privilégié. Il la laisse donc sous l'empire du droit commun, dès qu'elle ne réclame plus un droit privatif, et vient simplement en concours avec les autres créanciers. Tous les modes de preuve doivent être admis. C'est la doctrine enseignée par la plupart des auteurs et consacrée par un grand nombre d'arrêts (Douai, 27 mai 1841, D. 41. 2. 250. — Angers, ci-dessus rapporté. — Paris, 20 novembre 1867, et Cassation, 13 août 1868, D. 70. 1. 126.)

2° *Pour le remploi de ses biens aliénés pendant le mariage.* — La femme n'a pas autre chose à prouver que l'aliénation ; elle n'a pas besoin de prouver le versement du prix entre les mains du mari. « Attendu, dit un arrêt « de rejet du 27 décembre 1852 (D. 53. 1. 39), que l'ar- « ticle 563 n'a pas mis à l'hypothèque légale accordée pour « le remploi des biens aliénés durant le mariage, la con- « dition apportée à l'hypothèque pour les deniers mobi- « liers constitués en dot, ou advenus par succession ou « donation, à savoir que la délivrance ou le payement en « soient prouvés par acte ayant date certaine ; — qu'il « suffit donc, d'après les termes de la loi, que la femme « prouve, d'une part, l'aliénation faite d'un bien à elle « propre, et, d'autre part, que cette aliénation a été faite « durant le mariage ; — que l'article 563 n'a donc, en ce « qui touche cette nature de créance, rien innové aux dis- « positions du Code civil... » Quand la vente a été faite avec le concours du mari, il est réputé en avoir tou- ché le prix, et il est garant du défaut de remploi (art. 1450 C. civ.).

3° *Pour l'indemnité des dettes contractées par la femme avec son mari.* — Plusieurs hypothèses peuvent se pré- senter : 1° L'obligation, que la femme a contractée con- jointement ou solidairement avec son mari, n'a pas encore été payée au moment où survient la faillite. L'article 563 ne déroge pas à l'article 1431 C. civ. ; la femme est ré- putée ne s'être obligée que comme caution, à moins qu'il ne soit établi que la dette lui est personnelle, et que le mari n'est intervenu que pour l'autoriser ou se porter garant. Si la femme avait déclaré dans l'acte d'emprunt, qu'elle agissait dans son intérêt personnel, elle ne pour- rait pas prouver, contrairement à cette énonciation, que la somme empruntée a été, en réalité, versée entre les mains du mari, ou a servi au payement de ses dettes (art. 1341 C. civ.). Les créanciers pourraient, au contraire, prouver, malgré le silence de l'acte ou ses énonciations contraires, que l'obligation contractée par la femme l'a été dans son intérêt personnel (art. 1167 C. civ.

La femme peut réclamer l'indemnité des dettes, même avant de les avoir payées, conformément à l'article 2032 C. civ,, qui autorise la caution à agir contre le débiteur, même avant d'avoir payé, lorsque ce dernier est en faillite. Cette solution n'a pas été admise sans difficulté ; plusieurs arrêts avaient jugé le contraire (Amiens, 9 février 1829, D. 29. 2. 158. — Req., 16 juillet 1832, D. 32. 1. 122. — Orléans, 1er décembre 1836, D. 37. 2. 29) ; mais elle a fini par triompher en doctrine et en jurisprudence (Cassation, 25 mars 1834 ; — 2 janvier 1838. — Orléans, 24 mars 1848, D. 48. 2. 185), pour les motifs suivants : on ne refuserait pas, en règle générale, le bénefice de l'article 2032 à la caution, qui se serait fait consentir une hypothèque par le débiteur principal, pour garantir son recours contre lui ; pourquoi le refuser à la femme ? Serait-ce à cause de son hypothèque légale, qui lui offrirait, dans tous les cas, une garantie suffisante ? Mais cette garantie pourrait devenir illusoire, si, au moment de l'ouverture de l'ordre, la femme ne pouvait faire valoir son droit de préférence sur le prix des immeubles. A quoi lui servirait son hypothèque, s'il ne lui était pas permis de l'exercer en temps utile ?

2° Si la femme a acquitté l'obligation avant la faillite, elle a recours sur les biens du mari, mais à quelles conditions ? Suivant le droit commun, la quittance, qui constate que le payement a été fait par la femme de ses deniers personnels, forme un titre suffisant, et c'est aux tiers, qui prétendent que cette quittance est frauduleuse, à en faire la preuve. Mais en cas de faillite, cette quittance ne suffira pas : c'est ce qu'exprime l'article 562 C. com., dont le commentaire se rattache ainsi naturellement à celui de l'article 563.

Article 562 *: Si la femme a payé des dettes de son mari, la présomption légale est qu'elle l'a fait des deniers de celui-ci, et elle ne pourra en conséquence exercer aucune action dans la faillite, sauf la preuve contraire, comme il est dit à l'article* 559.

Ainsi la présomption est que les deniers ont été four nis par le mari, et, malgré la quittance, la femme doit justifier que l'argent provient, soit d'un emprunt qu'elle a fait, soit des ses économies. Mais cette preuve peut être faite, comme il est dit à l'article 559, c'est-à-dire d'après les règles du droit commun. Cette disposition confirme, d'ailleurs, l'interprétation à laquelle je me suis rangé, car si, dans l'hypothèse que j'examine, la preuve devait être faite par acte authentique, le recours de la femme contre le mari, à raison des dettes payées en son acquit, serait le plus souvent illusoire.

3° Si la femme a payé pour son mari une dette, à laquelle elle n'était pas tenue personnellement, la présomption légale est encore qu'elle l'a fait avec l'argent du mari; la quittance mise en son nom ne suffit pas, pour détruire cette présomption. Il faut en outre qu'elle justifie que les deniers proviennent de la vente d'un de ses propres ou de ses économies, preuve souvent difficile à faire, mais à laquelle la soumet la rigueur de la loi commerciale (art. 562 C. com.).

L'article 563 n'exige pas, pour le remploi de ses biens aliénés, et pour l'indemnité des dettes contractées avec son mari, que la femme établisse l'existence et le montant de ses créances par acte ayant acquis date certaine avant la faillite. Tout ce qu'on en peut conclure, c'est qu'il ne déroge pas sur ce point au droit commun; mais, si le Code civil n'admet pour l'exercice de l'hypothèque légale qu'un acte ayant date certaine, il n'est pas douteux qu'il faille montrer la même exigence en cas de faillite. L'article 2135 C. civ. ne contient aucune mention à cet égard; il dispose seulement que « *la* « *femme n'a d'hypothèque, pour l'indemnité des dettes* « *qu'elle a contractées avec son mari, et pour le remploi* « *de ses propres aliénés, qu'à compter du jour de l'obli-* « *gation ou de la vente.* » Est-ce du jour, où le consentement a été donné, où le contrat s'est formé? ou bien du jour, où l'acte a acquis date certaine? L'article ne le dit pas; il faut donc s'en référer aux principes généraux en matière de preuve. Les actes sous seing privé ne font foi de leur date, à l'égard des tiers, que du jour où ils ont acquis date certaine, par l'un des modes énumérés en l'article 1328 C. civ. Or les créanciers sont des tiers, toutes les fois qu'on leur oppose un droit propre, qui tend à diminuer leur gage commun. L'hypothèque légale est, sans contredit, un droit de cette nature, puisqu'elle donne à la femme une situation privilégiée. Elle est donc soumise à la règle de l'article 1328, et ne prend rang, qu'à compter du jour, où les créances, auxquelles elle est attachée, ont acquis date certaine.

La Cour de Paris (31 juillet 1847) avait jugé le contraire, en se fondant sur les motifs suivants : l'article 2135 C. civ., ne se réfère, ni expressément, ni virtuellement, à l'article 1328, qui suppose une convention ; dans le cas de l'article 2135, il n'y a pas de convention entre le mari et la femme, il n'y a qu'un pur fait. Quand la loi a voulu soumettre la femme à la disposition de l'article 1328, elle a pris soin de s'en expliquer, comme on peut le voir notamment dans l'article 1410, relatif aux dettes mobilières antérieures au mariage. Les raisons, qui ont fait dispenser l'hypothèque de la femme de la nécessité de l'inscription, doivent la faire dispenser de même de celle de l'enregistrement. La Cour de cassation, par arrêt du 5 février 1851 (D. 51. 1. 14) a cassé celui de Paris, « attendu que, si l'article 2135 « dispose que l'hypothèque légale de la femme, pour « indemnité des dettes contractées avec son mari, doit « partir du jour de l'obligation, il n'a pu affranchir cette « obligation des conditions établies par la loi pour la « preuve des obligations, et notamment pour la consta- « tation de leur date ; qu'à l'égard des tiers, l'ar- « ticle 1328 pose des règles sur ce dernier point, qui « s'appliquent à tous les actes sous seing privé, et « qu'aucune disposition n'y dérogeant quant à l'hypo- « thèque de la femme mariée dans le cas ci-dessus, l'on « ne peut créer pour ce cas une exception qui n'est pas « écrite dans la loi ; qu'il suit de là que les tiers créan- « ciers du mari sont en droit de se prévaloir du défaut « de date certaine des obligations, dont la femme réclame « l'indemnité, pour contester le rang de l'hypothèque « légale qui en résulte... » Sur renvoi, arrêt conforme de la Cour de Rouen. (24 mars 1852, D. 53. 2. 143. — Dans le même sens : Cass., 15 mars 1859, D. 59. 1. 105.)

Si la femme ne peut produire un acte ayant date certaine, elle n'est point privée de tout recours contre la faillite, mais elle vient simplement en concours avec les créanciers chirographaires. Pourtant il y a des actes auxquels foi est accordée, bien qu'ils n'aient pas un date certaine : ce sont les quittances, quand leur sincérité, d'ailleurs, n'est pas contestée. Par suite d'une sorte de tolérance, difficile à justifier en droit, on admet généralement qu'elles sont opposables aux tiers, bien qu'elles ne remplissent pas la condition requise par l'article 1328; c'est une concession faite aux nécessités de la pratique. Il ne semble pas qu'il y ait aucun motif de priver la femme de ce bénéfice, quand la quittance, qu'elle invoque, est à l'abri de toute suspicion.

A une époque voisine de la déclaration de faillite, pendant la période suspecte, la femme s'est obligée solidairement avec son mari, au payement d'une dette antérieure, ou d'une dette en même temps contractée. A-t-elle hypothèque légale pour l'indemnité de cet engagement, et la subrogation qu'elle a consentie au profit du créancier dans son hypothèque légale, doit-elle produire effet contre la masse et contre elle-même?

Il est généralement admis aujourd'hui, que l'article 446 C. com., qui annule les actes faits par le failli, soit depuis la cessation des payements, soit dans les dix jours qui l'ont précédée, notamment toute hypothèque conventionnelle ou judiciaire pour dettes antérieurement contractées, n'est pas applicable à l'hypothèque légale de la femme.

Il y a eu controverse sous l'ancien article 443, qui annulait toute acquisition de privilège ou d'hypothèque sans distinction, mais comme le nouvel article a spécifié les hypothèques conventionnelles ou judiciaires, ce serait ajouter à la loi que d'y introduire les hypothèques légales.

Tel n'est pas pourtant l'avis de M. Beudant, qui pense que, même sous la législation nouvelle, l'engagement de la femme pour une dette préexistante est nul, par application de l'article 446 : « Ce que se propose le créancier, « dit le savant professeur, en faisant intervenir la femme « pour qu'elle acquière une hypothèque en cautionnant

« le mari, et qu'elle le subroge lui-même dans cette hypo-« thèque, c'est d'éluder l'article 446, c'est d'obtenir in-« directement ce que cet article l'empêche d'obtenir di-« rectement. Si la combinaison réussit, il en va résulter « pour la masse un préjudice énorme. L'article 446 n'est « plus qu'une lettre morte, tout le système de la loi est « confondu, car la femme se prêtera toujours aux vues « de son mari, et du créancier qu'il veut avantager. » (Note sous l'arrêt du 9 décembre 1868, D. 69. 1. 5.) Malgré la valeur de ces arguments, auxquels M. Bédarride prête l'appui de son autorité, la jurisprudence est à peu près unanime à reconnaître, que l'article 446 n'est pas applicable à l'engagement, dont il s'agit; parce que cet article ne vise que les hypothèques conventionnelles et judiciaires, et qu'il n'est pas permis d'étendre par voie d'analogie une disposition exceptionnelle et rigoureuse. Voici comment s'exprime la Cour de cassation, dans un arrêt du 7 novembre 1848 (D. 48. 1. 241) : « Considérant « que l'article 446 ne se prête, ni par son texte, ni par « son esprit, au système du pourvoi : par son texte, car « cet article ne statue que pour les hypothèques conven-« tionnelles et judiciaires et nullement pour les hypothèques « légales des femmes et mineurs ; par son esprit, car si « l'article 446 annule les hypothèques conventionnelles « ou judiciaires constituées sur les biens du débiteur, « pour dettes antérieures, dans les dix jours qui précèdent « la faillite, c'est que le législateur redoute un concert « frauduleux pour tromper la masse ; mais que les mêmes « motifs n'existent pas, dans le cas où l'hypothèque est « une hypothèque légale, dont le bénéfice est réclamé par « une épouse qui, loin d'être censée avoir voulu faire « fraude aux autres créanciers, est, au contraire, présu-« mée avoir été circonvenue par son mari, que c'est pré-

« cisément à cause de cette situation résultant de sa sou-
« mission à la puissance maritale, que l'hypothèque légale
« lui a été accordée. » (Dans le même sens : Nancy, 19 mars 1879, D. 80. 2. 10.)

Mais il est admis qu'à défaut de l'article 446, l'article 447 s'oppose à ce que la femme, en s'obligeant envers un créancier de son mari, pour une dette antérieure ou nouvelle, acquière de ce chef une hypothèque légale pour garantie de l'indemnité qui lui est due, et subroge le créancier dans cette hypothèque; si, d'ailleurs, il y a eu connaissance de la cessation des payements, tant de la part de la femme que du créancier, et si cette connaissance a été entourée de circonstances propres à caractériser la fraude. Si, dans ces circonstances, l'engagement de la femme est destitué de tout effet contre la masse, jusqu'où s'étend la nullité? Le cautionnement lui-même doit-il être annulé?

Sur cette question, la jurisprudence est fort divisée. La Cour de Poitiers, par arrêt du 19 janvier 1860 (D. 60. 2. 25), dans une espèce où l'engagement de la femme et celui du mari avaient eu lieu simultanément, et où il était acquis que la femme et le créancier avaient eu connaissance de la cessation des payements, a annulé l'engagement du mari, par application de l'article 447, et maintenu celui de la femme ; mais elle a décidé, en même temps, qu'il n'emportait pas au profit de celle-ci hypothèque légale sur les biens du mari, que par suite la subrogation du créancier dans cette hypothèque ne pouvait produire effet, que relativement aux droits hypothécaires antérieurement acquis à la femme pour ses reprises. Cet arrêt a été cassé le 24 décembre 1860 (D. 61. 1. 71) ; mais comme la cassation repose sur ce que la nullité de l'obligation principale avait été prononcée à tort par la Cour d'appel, qui s'était bornée à viser la connaissance de la cessation des payements, sans y ajouter des circonstances caractéristiques de la fraude, la doctrine de l'arrêt de Poitiers ne s'en trouve pas infirmée. Dans le même sens, la Chambre civile de la Cour de cassation, par arrêt du 27 avril 81 (D. 81. 1. 295) a décidé que, si, par application des articles 447 et 597 C. com., l'obligation et la subrogation consenties par la femme peuvent être déclarées sans valeur, à l'égard de la masse, comme ayant eu lieu en connaissance de la cessation des payements, ces dispositions de loi sont « inapplicables au règlement des rapports entre la femme « du failli et les créanciers, à l'égard desquels elle s'est « engagée, alors qu'il s'agissait uniquement d'appliquer « le bénéfice de la subrogation aux effets de l'hypothèque « légale exercée par la femme, comme garantie de ses « reprises matrimoniales, à raison de sa dot et de ses « apports mobiliers..... »

En sens contraire, il a été jugé par la Cour de Nancy et par la Chambre des requêtes, que, s'il y a eu de part et d'autre, connaissance de la cessation des payements, l'engagement de la femme lui-même est nul, tant à son égard qu'à celui de la masse. (Nancy, 4 août 1860, D. 60. 2. 196; — 4 mars 1876, D. 77. 1. 359; — 19 mars 1879, D. 80. 2. 10. — Ch. req., 11 décembre 1876, D. 77. 1. 359.) — Dans le dernier arrêt de la Cour de Nancy, on lit : « Attendu qu'il résulte de ces faits la preuve ma- « nifeste que X., en traitant avec le failli, avait une par- « faite connaissance de la cessation des payements, et qu'il « a voulu, contrairement au principe d'égalité qui est la « loi des faillites, se créer avec le concours de la dame F., « qui s'est prêtée à cette fraude, une situation privilé- « giée, ce qui suffit pour faire annuler cet acte, même au

« regard de la femme qui l'a souscrit, et qui, pas plus « que le créancier, n'ignorait l'état des affaires de son « mari ; qu'en vain pour faire produire un effet au con- « trat, fait-on valoir cette circonstance que la dame F., « séparée de biens de son mari, a des reprises à exer- « cer pour raison de sa dot sur le prix des immeubles « mis en distribution, et que le créancier peut être dé- « sintéressé sans nuire à la masse, alors que ce résultat « ne serait obtenu, qu'en sacrifiant les droits que la « femme puise dans les articles 1431 et 2135 C. civ., et « que s'étant obligée pour les affaires dela communauté, « et étant réputée à l'égard de son mari n'avoir été que « sa caution, elle ne pourrait être garantie par une « hypothèque sur ses biens, ni indemnisée de l'obliga- « tion par elle contractée..... » Dans le même sens on peut invoquer des arrêts qui, tout en maintenant l'engagement de la femme envers le créancier, parce que la connaissance de la cessation des payements n'avait pas été accompagnée d'une intention frauduleuse, ont reconnu la validité de l'hypothèque légale et de la subrogation. (Dijon, 6 février 1868, et Req., 9 décembre 1868, D. 69. 1. 5. — Poitiers, 5 mai 1879, D. 79. 2. 165. Comme on le voit, la divergence existe jusqu'entre les deux Chambres de la cour de cassation.

M. Beudant, dans la note placée sous l'arrêt du 9 décembre 1868, me paraît avoir indiqué les meilleures raisons, qu'on puisse donner à l'appui de la doctrineconsacrée par la Chambre civile. Répondant à une objection de M. Bédarride, tirée des articles 597 et 598 C. com., qui déclarent nuls « à l'égard de toutes personnes tout « traité, duquel résulterait un avantage à la charge de « l'actif », il dit : « Ce n'est pas du cautionnement même « que résulte un avantage à la charge de l'actif, ce se-

« rait de l'acquisition de l'hypothèque légale et de la su-
« brogation, qui en serait faite au profit du créancier; or
« le cautionnement est absolument indépendant du re-
« cours plus ou moins efficace, qu'il ouvre à la femme,
« il n'est nullement subordonné à l'efficacité de l'hypo-
« thèque légale. La femme mariée, pourvu qu'elle ait
« l'autorisation de son mari, est pleinement capable de
« s'engager ; aucune raison appréciable n'autorise à
« l'affranchir de l'obligation qu'elle a contractée, à moins
« toutefois que son consentement n'ait été obtenu par
« violence ou surpris par dol (art. 1109 C. civ.); peu
« importe que l'hypothèque qu'elle a cru acquérir lui
« échappe..... »

Les raisons principales données à l'appui de la doctrine contraire sont les suivantes: l'autorisation donnée par le mari à une époque, où il était dessaisi du droit de disposer, est nulle, comme émanant d'une personne incapable, et dès lors l'obligation contractée par la femme, est également entachée de nullité. (Pont.) Les articles 597 et 598 C. com. annulent tout traité, duquel résulterait un avantage à la charge de l'actif ; puisque, au moyen de la subrogation, le créancier s'est procuré un avantage illicite au préjudice de la masse, l'engagement de la femme duquel résulte cet avantage, doit être annulé. (Bédarride.) « Le mari débiteur a autorisé la femme à contracter, et « le traité conclu par celle-ci avait pour but et aurait « pour effet, s'il était validé, de conférer au créancier « le bénéfice de l'hypothèque légale de la femme sur « l'actif de la communauté, sur les biens du débiteur « failli. » (Rapport de M. le conseiller Dumon relatif à l'arrêt de la Ch. req. du 11 décembre 1876, D. loc. cit.)

Au milieu de cette divergence d'opinions, il me semble

que la doctrine la meilleure est celle qui a été consacrée par la Cour de Nancy et par la Chambre des requêtes. Elle est certainement la plus équitable ; car elle laisse à la femme, qui a presque toujours subi la pression du mari, la garantie que lui assure la loi, pour se faire indemniser de ses engagements. On peut même aller jusqu'à dire, que la doctrine contraire contient une véritable iniquité, en lui refusant ce recours, quand elle a été plus fortement exposée aux suggestions du mari, et quand elle a le plus besoin de garder ses ressources, au milieu des ruines de la faillite. Mais ces considérations seraient impuissantes, si le droit était contraire. Il ne l'est pas. A chaque engagement que la femme contracte pour son mari, la loi attache deux bénéfices qui en sont inséparables : d'une part, elle la répute simple caution et lui ouvre un recours (art. 1431 C. civ.) ; de l'autre, elle lui confère une hypothèque légale (art. 2135). C'est sous la foi de cette double promesse, c'est à cette double condition, que la femme a donné son consentement. Sans cela, elle ne l'eût pas donné. Si ces conditions avaient été insérées dans le contrat, il n'est pas douteux que leur non-exécution entraînerait la résolution de l'obligation. Or qu'importe qu'elles résultent de la convention ou de la loi ? Pour la femme il n'y a aucune différence, et partant, dans les deux cas, le résultat doit être le même.

La doctrine de la Chambre civile enlève à la femme de ces deux garanties la meilleure, la seule qui soit efficace en cas de faillite, l'hypothèque légale. Elle mutile la convention, en lui ôtant ce qu'elle a de favorable à la femme, ce qui est la compensation de son engagement. Enfin elle est contraire à l'intention bien manifeste du législateur, qui a voulu indemniser complètement la femme, par le secours de l'hypothèque légale, de toutes les obligations. qu'elle a contractées pour son mari ; qui n'y a apporté aucune restriction en cas de faillite, et qui l'a simplement assujettie à des preuves plus difficiles.

En résumé, il faut que le traité soit maintenu en entier, si la fraude n'est pas établie ; que la femme obtienne l'hypothèque légale, et que la subrogation consentie au profit du créancier produise tout son effet. Ou bien, si le contrat a eu pour objet d'avantager un des créanciers au détriment des autres, il faut qu'il soit annulé pour le tout, tant à l'égard de la femme qu'à celui de la masse.

Jusqu'à présent, j'ai montré les restrictions, auxquelles la loi de 1838 soumet l'hypothèque légale de la femme ; mais si cette hypothèque est amoindrie, tant à l'égard des immeubles, qui en sont grevés que des créances qu'elle garantit, elle subsiste néanmoins.

N'y a-t-il pas cependant des cas où elle se trouve, non pas seulement restreinte, mais complètement anéantie ? C'est ce que je vais examiner dans les deux hypothèses suivantes :

1° Le mari est mort en état de cessation de payements. Après l'expiration d'une année au cours de laquelle la faillite à été déclarée, la veuve a pris inscription. Cette inscription peut-elle encore produire effet ?

L'article 448 C. com. dispose, qu'aucune inscription de privilège ou d'hypothèque ne pourra être prise après le jugement déclaratif de faillite. Jusqu'à la loi du 23 mars 1855, il ne pouvait être question d'appliquer cette prohibition à l'hypothèque légale, puisque, aux termes de l'article 2135 C. civ. cette hypothèque était valable, indépendamment de toute inscription. Mais l'article 8 de cette loi a édicté, qu'à défaut d'inscription dans l'année qui suit la dissolution du mariage, l'hypothèque légale n'aura de date, à l'égard des tiers, que du jour de son inscription prise ultérieurement. Il en résulte qu'à l'expiration de ce délai, l'hypothèque légale est soumise, en ce qui concerne l'inscription, aux mêmes règles, que l'hypothèque conventionnelle ou judiciaire. Dès lors, s'il survient un jugement déclaratif de faillite, qui mette obstacle à l'inscription de l'hypothèque ordinaire, il en doit être de même de l'hypothèque légale.

Il y a du reste les mêmes raisons; cette prohibition a eu pour but de protéger la masse des créanciers contre des hypothèques ou privilèges tenus secrets, alors qu'ils auraient dû être inscrits. Le retard apporté dans l'inscription de l'hypothèque légale constitue le même danger; il est moins excusable, puisque la femme jouit toujours d'un délai d'une année, pour faire l'inscription, tandis qu'un créancier ordinaire peut être immédiatement frappé de déchéance, par la déclaration de la faillite.

Pour soustraire l'hypothèque légale à la nullité édictée par l'article 448, on a prétendu que l'article 8 de la loi du 23 mars 1855 n'avait exigé l'inscription que dans l'intérêt des tiers, qui avaient acquis des droits réels sur l'immeuble grevé, et qu'à l'égard de tous autres, notamment des créanciers chirographaires, l'hypothèque légale continue à être dispensée d'inscription.

La Cour de cassation a rejeté cette prétention : « Attendu, en principe, que toute inscription de privilège « ou d'hypothèque est édictée dans l'intérêt des tiers, quels « qu'ils soient, qui traitent avec le propriétaire de l'im- « meuble, et que tous créanciers, tant chirographaires « qu'hypothécaires, peuvent se prévaloir du défaut ou « de la nullité de l'inscription ; que, si la loi de 1855,

« en traitant de la transcription des actes translatifs de « propriétés immobilières ou de droits réels susceptibles « d'hypothèque, a, dans ses articles 3 et 7, exclusive« ment réservé aux tiers qui ont des droits sur l'immeuble, « et qui les ont conservés en se conformant aux lois, la « faculté de se prévaloir du défaut de transcription, elle « s'est autrement exprimée lorsqu'elle s'est occupée, « dans son article 8, de l'inscription de l'hypothèque « légale ; qu'elle a dit alors, qu'à défaut d'inscription « dans le délai imparti, cette hypothèque ne daterait, à « l'égard des tiers, que du jour des inscriptions prises « ultérieurement ; qu'en désignant ainsi les tiers d'une « manière générale, elle a maintenu les principes reçus « en matière d'inscription ; que dès lors le syndic est « recevable à demander, au nom de la masse, la nullité de « l'inscription... » (Cass., 19 août 1868, D. 68. 1. 398.) »

2° La seconde hypothèse forme le corollaire de la précédente : l'inscription a été prise par les héritiers de la femme après l'année de son décès, et après la cessation de payements du mari, mais avant la déclaration de faillite. Est-elle annulable, d'après l'article 448, § 2, C. com. ?

La négative a été jugée par la Cour de Colmar (15 janvier 1862, D. 62. 2. 101), dont la décision est basée principalement sur le texte de l'article 448, d'après lequel l'inscription pourra être annulée, s'il s'est écoulé plus de quinze jours entre la date de *l'acte constitutif* de l'hypothèque et celle de l'inscription. Cette prescription, suivant cet arrêt, ne peut pas s'appliquer à l'hypothèque légale, qui n'a pas sa source dans un acte constitutif, et au sujet de laquelle on ne saurait fixer le point de départ du délai de quinzaine

Malgré ce motif, plus spécieux que juridique, il me

semble qu'il vaut mieux décider, avec la Cour de Bordeaux (4 avril 1876, D. 79. 2. 265), que l'hypothèque légale, à partir de l'expiration du délai fixé par l'article 8 de la loi du 23 mars 1855, rentre dans le droit commun, et se trouve assujettie aux mêmes règles, que l'hypothèque conventionnelle ou judiciaire. Dès lors, si l'inscription est tardive, faite après la cessation des payements, elle encourt la nullité de l'article 448, § 2. Quant au point de départ du délai de quinzaine, il est déterminé par l'expiration de l'année, puisque c'est à dater de ce moment que l'inscription devient nécessaire. (Aubry et Rau.)

Question.—La femme d'un commerçant a fait prononcer sa séparation de biens, et en vertu du jugement, pris une inscription d'hypothèque générale sur tous les immeubles du mari, tombé plus tard en faillite ; je suppose que l'inscription a été prise avant la cessation des payements et même avant les dix jours qui l'ont précédée ; car s'il en était autrement, l'inscription serait nulle et sans effet, relativement à la masse, par application de l'article 446 C. com. Cette hypothèque judiciaire, plus étendue que l'hypothèque légale, puisqu'elle s'étend aux immeubles acquis à titre onéreux pendant le mariage, produira-t-elle tout son effet ?

Pourquoi n'en serait-il pas ainsi ? L'hypothèque légale est un bénéfice particulier, qui n'est pas exclusif des avantages, que la loi confère à tout créancier diligent ; or la femme, surtout si elle renonce, est purement créancière de son mari, pour les reprises qu'elle peut avoir à exercer contre lui. Pour quel motif, quand la fraude ne peut pas être soupçonnée, serait-elle traitée avec plus de rigueur que les autres créanciers, et destituée du droit de prendre une inscription d'hypothèque judiciaire pour garantie des condamnations, qu'elle a fait prononcer ? Il faudrait, tout au moins, un texte de loi pour la déclarer déchue de ce droit ; or ce texte n'existe pas. Dans ce sens, on peut invoquer un arrêt de la Cour de cassation du 14 juin 1853 (D. 53. 1. 185), qui a reconnu la validité d'une inscription d'hypothèque judiciaire prise par la femme en temps utile. Il est vrai, qu'il ne s'agissait pas pour elle d'obtenir payement de ses reprises, mais d'une pension alimentaire, à laquelle elle avait fait condamner son mari. Il n'en ressort pas moins de cet arrêt, que l'existence de l'hypothèque judiciaire n'est pas incompatible avec celle de l'hypothèque légale.

Cependant c'est l'opinion contraire, qui est enseignée par la presque unanimité des auteurs. (Bédarride, Massé.) On ne conteste pas à la femme le droit de prendre une inscription d'hypothèque judiciaire en vertu du jugement qui prononce la séparation de biens, et qui ordonne la liquidation des reprises ; mais ce qu'on lui dénie, c'est le droit de paralyser l'article 563 et d'éluder ses défenses, parce que les restrictions qu'il renferme, ont été dictées par un intérêt d'ordre public. C'est pour la sécurité du commerce, que le législateur a cru devoir diminuer, en cas de faillite, l'hypothèque légale de la femme, pour empêcher celle-ci de s'enrichir avec l'argent des créanciers ; or ces mesures de précaution deviendraient illusoires, si la femme pouvait, à l'aide d'une séparation de biens, résultat ordinaire d'un accord entre les époux, étendre son hypothèque sur tous les biens du mari. Quant à l'arrêt du 14 juin 1853, il ne contredit pas cette doctrine, puisqu'il est intervenu dans une espèce, où il ne s'agissait pas de reprises à exercer.

Ces considérations me paraissent si puissantes, que, malgré l'absence de texte, elles me déterminent à adopter cette dernière opinion.

V – Avantages matrimoniaux

L'article 549 C. com., privait, dans tous les cas, la femme d'un commerçant failli des avantages portés au contrat de mariage. Le projet de loi avait rencontré de l'opposition de la part du Tribunat, qui trouvait que cette disposition « tendait à mettre en interdit toute la classe « des commerçants, en les privant de la faculté, qu'ont « les autres citoyens de faire, par contrat de mariage, « des avantages à leurs épouses, et en privant celles-ci « de la possibilité de recevoir ces avantages d'une ma- « nière assurée. » Malgré ces observations, l'article fut maintenu, et avec raison. Si la femme pouvait réclamer les avantages faits, soit par le contrat de mariage, soit depuis le mariage, le mari ne manquerait pas d'user de ce moyen, pour soustraire aux poursuites des créanciers une partie de son patrimoine. Mais cet article avait peut-être été trop rigoureux, en privant la femme des avantages matrimoniaux, même dans les cas où elle n'avait pu prévoir l'éventuatité de la faillite. La loi de 1838 a été plus équitable, en subordonnant la nullité de ces avantages à l'une de ces deux conditions : ou que le mari soit commerçant à l'époque du mariage, ou qu'il soit devenu commerçant dans l'année qui l'a suivi, s'il n'avait pas alors d'autre profession déterminée. Ainsi restreint dans de justes limites, l'article 564 ne fait qu'appliquer ce principe de droit et de morale : *Nemo liberalis, nisi liberatus.*

Article 564 : *La femme dont le mari était commerçant à l'époque de la célébration du mariage, ou dont le mari, n'ayant pas alors d'autre profession déterminée, sera devenu commerçant dans l'année qui suivra cette célébra-*

tion, ne pourra exercer dans la faillite aucune action à raison des avantages portés au contrat de mariage, et dans ce cas, les créanciers ne pourront, de leur côté, se prévaloir des avantages faits par la femme au mari dans ce même contrat.

Cet article ne mentionne que les avantages faits par contrat de mariage, mais il s'applique à plus forte raison aux avantages faits pendant le mariage, qui sont plus suspects que les premiers. Comme le dit M. Bédarride, puisque le législateur « n'a pas hésité à modifier le con-« trat de mariage, qu'il a lui-même déclaré immuable, on « ne saurait lui prêter la pensée d'avoir voulu respecter « des actes, que les époux eux-mêmes peuvent toujours « révoquer. »

Quand une donation est déguisée sous la forme d'un contrat à titre onéreux, comme une vente, un échange ou une obligation, comme une reconnaissance d'apport fictif, les créanciers peuvent toujours faire reconnaître le véritable caractère de la convention et la faire annuler.

Quant aux libéralités, qui doivent être prises sur les biens existant lors du décès, comme les legs et les institutions contractuelles, l'article 564 est inutile ; elles sont nulles d'après le droit commun, puisqu'elles ne peuvent jamais nuire aux créanciers.

L'effet de la révocation est définitivement acquis contre la femme, de quelque manière que la faillite se soit terminée.

L'article 564, de même que l'article 549 ancien, établit une réciprocité entre la femme et les créanciers, qui ne pourront réclamer les avantages faits par elle au mari. Cette disposition paraît si équitable, qu'il est inutile de la justifier ; elle semble enlever à cet article la plus grande partie de son utilité ; mais il est probable que son véritable but a été d'empêcher des libéralités faites par un commerçant en prévision de l'éventualité d'une faillite.

Il me reste à examiner l'influence, que peut avoir la faillite sur deux contrats, la *rente viagère*, et l'*assurance sur la vie*, lorsqu'ils ont été contractés pendant le mariage par deux époux ou par l'un d'eux. Les difficultés qui naissent de ces contrats, se rattachent au commentaire de l'article 564, parce qu'on peut voir dans les stipulations qu'ils renferment, des avantages rentrant dans les prévisions de cet article.

Rente viagère

Plusieurs hypothèses peuvent se présenter :

1° Des époux communs en biens ont acquis une rente viagère avec des deniers tirés de la communauté, mais sans clause expresse ou tacite de réversibilité. Cette rente constitue un acquêt de communauté, et non pas un bien propre à chacun d'eux pour moitié. (Paris, 19 février 1864, D. 65. 2. 73.) Il est de principe, en effet, que tous les biens acquis pendant le mariage sont communs (art. 1401, 3° C. civ.), à l'exception de ceux que la loi a limitativement déterminés. L'article 1437, duquel il résulte que chacun des époux peut utiliser les fonds de la communauté à son profit personnel, ne leur permet pas de se créer de nouveaux propres ; c'est donc à tort qu'on l'a invoqué dans notre hypothèse.

En cas de faillite, la femme renonçante n'a pas plus de droit à la rente, qu'aux autres biens de communauté ; et même en cas d'acceptation, elle n'y aurait droit, qu'après que tous les créanciers auraient été désintéressés.

2° Le mari a acquis avec des deniers de communauté une rente viagère, qu'il a stipulée payable à sa femme, sur la tête de laquelle elle repose. La rente ainsi constituée est devenue un bien de communauté, dont le mari a pu disposer au profit de sa femme, comme au profit d'un tiers. C'est une libéralité, valable en la forme, bien qu'elle ne soit pas faite par acte authentique (art. 1973 C. civ). Suivant le droit commun, la femme renonçante contitinuerait donc à percevoir les arrérages, sans devoir aucune récompense au mari ou à ses héritiers ; mais en cas de faillite, ce bénéfice lui est enlevé par l'article 564.

3° La femme a acquis une rente viagère à son profit ; La présomption est qu'elle l'a payée avec des deniers du mari ou de la communauté (art. 559), et par conséquent, elle perd tout droit aux arrérages en cas de faillite. Mais, si elle parvient à prouver, qu'elle l'a achetée moyennant l'aliénation d'un de ses propres, ou avec ses deniers personnels, elle continuera d'en toucher les arrérages, comme par le passé.

4° La rente, constituée par les époux, a été stipulée réversible sur la tête et au profit du survivant. Quelle est la nature de cette clause, et quel sera son effet en cas de faillite ? Elle a été l'objet de deux interprétations différentes.

Dans un premier système, la convention s'analyse en un contrat à titre onéreux et aléatoire, par lequel chacun des époux concède à l'autre un droit éventuel à la totalité de la rente, et reçoit, en retour de l'avantage qu'il lui fait, un droit éventuel absolument semblable.

« C'est une convention aléatoire, dit M. Pont, qui pré-
« sente une analogie frappante avec la convention connue
« sous le nom de tontine. De même que dans la tontine,
« contrat à titre onéreux incontestablement, les survi-

« vants profitent seuls des capitaux apportés par les « prédécédés, de même, dans notre hypothèse, le sur- « vivant acquiert dans la rente la part du prédécédé, « sans qu'il se mêle à son acquisition aucune idée de « libéralité. »

En conséquence la rente, malgré la clause de réversibilité, reste un acquêt de communauté, que l'époux survivant prélève avant le partage ; mais les partisans de ce système sont en désaccord sur le point de savoir s'il doit ou non récompense à la communauté. (Aff. Pont; Paris, 19 février 1864, D. 65. 2. 73. — *Nég.*: Troplong; Req., 15 mai 1844, D. 44. 1. 229. — Paris, 25 mai 1844, D. 44. 2. 97. — Besançon, 23 mai 1871, *D.* 72. 2. 215.)

La femme survivante a-t-elle droit à la rente, alors même qu'elle renonce à la communauté ? Deux arrêts précités du 15 mai et du 25 mai 1844 ont jugé l'affirmative, qui est aussi soutenue par M. Pont, d'après ce motif que, par suite de la renonciation de la femme, le contrat à titre onéreux s'est transformé en une libéralité. Comme la femme renonçante est réputée n'avoir jamais eu aucun droit aux biens de la communauté, le mari, qui pouvait seul et sans le concours de la femme, vendre tout ou partie des immeubles, est présumé avoir constitué une rente viagère au profit de celle-ci, comme il aurait pu le faire au profit d'un étranger. Cette transformation d'un contrat à titre onéreux en une donation, opérée par le fait postérieur de l'une des parties, me paraît inadmissible. Un contrat ne change pas ainsi de nature après coup, sans le consentement des deux parties, qui y ont concouru. La rente viagère demeure, après la renonciation, un acquêt de communauté, qui devient alors la propriété exclusive du mari. Tel est le droit commun.

En cas de faillite, la femme n'y aura jamais droit. En

cas d'acceptation, l'article 559 ne lui permet pas de revendiquer un bien acquis avec les deniers de la communauté. En cas de renonciation, même si l'on interprète la clause de réversibilité dans le sens des deux arrêts ci-dessus, elle y est également sans droit, puisqu'il s'agirait d'une libéralité tombant sous l'application de l'article 564.

Dans l'autre système, exposé par M. Labbé (note sous l'arrêt du 19 février 1864, S. 65. 2. 4. — P., 1865, t. I, p. 85.), la convention par laquelle les époux stipulent, que la rente appartiendra pour le tout au survivant, se décompose en deux donations réciproques éventuelles qu'ils se font l'un à l'autre. Si l'on objecte l'article 1097, C. civ. qui leur défend de se faire pendant le mariage aucune donation mutuelle, par un seul et même acte, le savant auteur répond que l'article 1121 C. civ. dispense des formes de la donation les stipulations au profit d'un tiers, accessoires d'un contrat à titre onéreux, qu'on fait pour soi-même, et qu'en outre l'article 1978 C. civ. affranchit expressément de ces formalités, l'attribution à un tiers d'une rente viagère constituée à titre onéreux, bien qu'elle ait le caractère d'une libéralité. Ce système admis, il faut décider, d'après le droit commun, que la femme a le droit de retenir la totalité de la rente, soit qu'elle accepte, soit qu'elle renonce : dans le premier cas, comme propriétaire d'une moitié et donataire de l'autre ; dans le second, comme donataire de la totalité. — Mais en cas de faillite, l'article 564 s'oppose à ce qu'elle puisse réclamer le bénéfice de cette libéralité ; et même pour la portion qui lui appartiendrait en qualité de commune en cas d'acceptation, l'article 559 ne lui permettrait pas de la retenir.

J'ai cru devoir envisager les résultats, auxquels on

aboutit dans les deux systèmes, au point de vue de la loi de 1838, et j'ai cherché à démontrer qu'ils sont les mêmes, en ce sens que la femme du failli ne peut jamais profiter de la rente viagère constituée à son profit, au moyen de deniers de communauté, avec ou sans clause de réversibilité, par application, soit de l'article 564, soit de l'article 559. Cela pourrait me dispenser de prendre parti entre les deux systèmes que j'ai exposés ; pourtant j'incline à croire, que la clause de réversibilité n'imprime pas à la convention le caractère d'une libéralité ; parce que, s'il en était ainsi, il serait difficile de la soustraire à la nullité édictée par l'article 1097, et surtout parce que ce n'est pas une intention de libéralité qui a inspiré les époux, mais plutôt le désir, pour chacun d'eux, de se procurer un avantage en échange de celui qu'il confère son conjoint. C'est un motif analogue à celui qui le détermine à attribuer la communauté tout entière au survivant, stipulation qui est qualifiée par l'article 1525 C. civ. de simple convention entre associés.

Assurance sur la vie

C'est le contrat par lequel une personne stipule pour elle-même, pour ses héritiers ou pour un tiers, moyennant le versement de primes annuelles, le payement d'un capital à son décès, ou à celui d'une autre personne désignée. Il n'a pas été prévu par le législateur, qui ne lui a consacré aucune disposition spéciale ; mais on s'accorde aujourd'hui à reconnaître qu'il est valable, et qu'à défaut de règles particulières, ses effets doivent être déterminés d'après les principes généraux du droit.

Mon intention est de rechercher si la stipulation d'une indemnité, quand elle a été faite par un mari commerçant au profit de sa femme, peut produire effet en cas de faillite. Plusieurs cas peuvent se présenter, suivant les diverses formes du contrat; il convient, pour jeter plus de clarté sur cette matière assez compliquée, de les examiner séparément.

1° L'assurance a été contractée par un mari commun en biens, pendant le mariage, avec stipulation que l'indemnité serait payée à son décès à sa veuve, ou, à défaut de celle-ci, à ses héritiers. Le mari meurt en état de faillite, la femme survit; l'indemnité appartient-elle à la femme ou à la faillite? Pour répondre à cette question, il importe tout d'abord de bien déterminer le caractère et les effets du contrat. La doctrine et la jurisprudence l'interprètent de deux manières différentes.

D'après une première interprétation, le contrat se décompose en deux opérations distinctes ; on y trouve : 1° un contrat à titre onéreux, aléatoire entre le mari et l'assureur ; 2° une stipulation accessoire au profit de la femme. C'est une donation, qui devient parfaite par l'acceptation de celle-ci, et qui est valable, bien qu'elle ne soit pas faite en la forme authentique, parce qu'elle se greffe sur un contrat à titre onéreux (art. 1121 et 1973 C. civ.). Elle n'excède pas les pouvoirs du mari, qui peut disposer à titre gratuit d'effets mobiliers de la communauté (art. 1422 C. civ.) aussi bien en faveur de sa femme qu'en faveur d'un tiers ; et elle n'est pas contraire au principe de la révocabilité des donations entre époux pendant le mariage (art. 1096 C. civ.), puisque le mari peut toujours, en cessant de verser les primes, résilier le contrat. Les conséquences sont : que la femme a droit à l'indemnité, soit qu'elle accepte la communauté, soit qu'elle y renonce, car elle la reçoit, non pas en qualité de femme commune, mais à titre de donataire. Tout au plus peut-on prétendre qu'en cas d'acceptation, elle prend moitié comme donataire, et moitié comme propriétaire, les primes ayant été payées avec l'argent de la communauté ; toutefois cette distinction n'a pas prévalu en jurisprudence. La femme est soumise, du chef de cette indemnité, au rapport envers les héritiers du mari et à l'action en réduction. Elle ne doit pas récompense à la communauté des primes payées par elle, car on présume que l'intention du mari a été de la gratifier de la totalité du capital, sans déduction des primes ; le contraire ne pourrait résulter que de sa volonté formellement exprimée. (Sur toutes ces solutions voir : Req., 21 juin 1876, D. 78. 1. 429. — Req., 9 mai 1881, D. 82. 1. 97. — Paris, 26 nov. 1878, D. 79. 2. 152. — Paris, 1er août 1879, et Req., 2 mars 1881, D. 81. 1. 403. — Trib. d'Épernay, 17 août 1882, D. [83. 3. 71.)

Voici les effets de la faillite qui découlent naturellement des principes que j'ai exposés : l'indemnité tombe dans l'actif de la faillite. La stipulation au profit de la femme est sans effet, parce qu'elle constitue une libéralité faite pendant le mariage, nulle par application de l'article 564. Si même on admet, que la femme acceptante touche la moitié de l'indemnité à titre de propriétaire, le profit est encore tout entier pour les créanciers, parce que jamais la femme ne doit s'enrichir avec l'argent du mari, et que les primes sont sorties de la caisse de la communauté. La seule différence consiste en ce qu'il faudra ajouter l'article 559 à l'article 564, pour faire prononcer contre la femme la déchéance de son droit. « Considé-« rant, dit la Cour de Paris, que l'attribution, ainsi faite « à la femme à titre purement gratuit, constitue, de la « part du mari, une véritable libéralité, qui demeure sou-« mise comme telle à toutes les dispositions du droit

« civil, qui régissent la capacité respective de donner « et de recevoir, les rapports dus par les cohéritiers « entre eux, et la réduction en cas d'excès de la quotité « disponible ; — considérant que, par application du « même principe, il y a lieu d'étendre à ce mode de « libéralité les dispositions du Code de commerce, qui, « en vue d'assurer aux créanciers d'un commerçant failli « l'intégralité de son patrimoine, atteignent les donations « patentes, on présumées déguisées, que le mari aurait « faites à sa femme, sans qu'il soit besoin, d'ailleurs, « d'établir un concert faudruleux ; — que la stipulation « faite par B. au profit de sa femme tombe ainsi sous « l'application de l'article 564 C. com., qui interdit à la « femme du commerçant failli d'exercer aucune action, « à raison des avantages portés au contrat de mariage ; « — que cet article même est, à plus forte raison, ap- « plicable à la cause, où la libéralité n'est pas protégée « par l'irrévocabilité du pacte conjugal... » (Paris, 1er août 1879. — Dans le même sens : Req., 2 mars 1881. — Epernay, 17 août 1882.)

Suivant une autre interprétation, consacrée récemment par un arrêt de la Cour de Nancy (21 janvier 1882, D. 82. 2. 175), il n'y a pas de libéralité véritable dans l'acte du mari ; le bénéfice, que la femme retire du contrat, est considéré comme un profit personnel ; d'où la double conséquence, en droit civil : 1° qu'elle n'est pas soumise au rapport et à l'action en réduction ; 2° qu'elle doit récompense à la communauté des primes, qui ont été déboursées pour elle (art. 1437 C. civ.). M. Labbé (note sous l'arrêt du 28 mars 1877, S. 77. 1. 393) donne à l'appui de cette interprétation les raisons suivantes : En attribuant à la stipulation le caractère d'une libéralité, on empêche que l'assurance procure satisfaction aux intérêts de la famille, auxquels elle est appelée à pourvoir. Le capital assuré sur la tête du stipulant, au profit de sa veuve et de ses enfants, ne pourra pas être soustrait à l'action de ses créanciers, s'il laisse une succession insolvable. Il faut donc, par une autre voie, arriver au but, « qui est de faire considérer le capital, assuré au « profit d'un tiers, comme étranger à la succession ; et « même comme n'ayant jamais fait partie du patrimoine « du stipulant... Il faut faire du tiers, appelé au bénéfice « du contrat, le véritable assuré, celui au nom de qui « l'assurance a été contractée, et faire du stipulant un « simple gérant d'affaires. Alors l'adhésion, qu'exprime « le tiers, est une ratification, qui rétroagit au jour du « contrat. Le tiers, qui a ratifié, est créancier direct de « l'assureur, comme s'il avait contracté lui-même. Le « capital de l'assurance n'a jamais fait partie du patri- « moine du stipulant ; il ne doit, à la mort de ce dernier, « ni être compté pour le calcul de la réserve, ni servir « de gage aux créanciers héréditaires. Dans cette ma- « nière de voir, il y a aussi une donation ; ce qui est « donné, c'est, non pas le capital assuré, mais le montant « des primes payées par le stipulant. » C'est cette interprétation qui a été consacrée par l'arrêt de Nancy, sauf toutefois ce qui est relatif aux primes, au sujet desquelles la cour a déclaré, que récompense était due au mari.

Ce système a rencontré de graves objections. Je me bornerai à dire qu'il a le tort, selon moi, de substituer la fiction d'une gestion d'affaires, à la réalité d'un contrat fait par le mari en son propre nom. Quoi qu'il en soit, l'un des buts proposés, qui est de soustraire l'indemnité à l'action des créanciers, ne serait pas atteint en cas de faillite. En effet, si l'article 564 est évité, parce qu'il n'y a pas donation, l'application de l'article 559 est encourue, parce qu'il s'agit d'une valeur acquise avec les deniers de la communauté.

2° L'assurance a été contractée par le mari au profit de la femme, qu'il a épousée plus tard.

Il y a, selon moi, une distinction à faire suivant l'époque, où est intervenu le contrat. Si c'est dans un temps voisin de la célébration du mariage, et s'il apparaît, que c'est en vue du mariage, que la stipulation a été faite, il faut lui appliquer l'article 564, lorsque le mari décède en état de faillite. Il est vrai que cet article ne vise que les avantages portés au contrat de mariage; mais, comme il s'applique, de l'aveu de tous, aux donations faites pendant le mariage, il y a les mêmes raisons de l'étendre à celles qui ont été déterminées par le mariage, et qui ont, quoique faites avant la célébration, le caractère et les effets de conventions matrimoniales.

Mais si l'assurance a été faite à une époque assez éloignée du mariage, pour qu'il n'apparaisse aucun lien entre ces deux actes, quelle sera l'influence du mariage et de la faillite sur les effets de ce contrat?

Si les époux sont mariés sans communauté, ou sous le régime de la communauté réduite aux acquêts, la créance reste propre à la femme, et la survenance de la faillite ne peut pas lui faire perdre le bénéfice du contrat; elle sera seulement tenue d'indemniser les créanciers du montant des primes, que le mari est censé avoir payées de ses deniers, jusqu'à preuve contraire (art. 559).

Mais s'il y a communauté légale entre les époux, le bénéfice de l'assurance tombe dans la communauté, comme toutes les autres valeurs mobilières, et doit être, en cas d'acceptation de la femme, partagé entre elle et les héritiers du mari, et attribué tout entier à ceux-ci, en cas de renonciation.

Telle me paraît être la solution juridique. Cependant elle n'a pas été admise par la Cour de Paris (4 juin 1878, D. 79. 2. 25), qui a confirmé un jugement du tribunal civil de la Seine du 21 décembre 1876, où je lis ces motifs : « Attendu que, d'après les termes du contrat d'as-« surance, et dans l'intention de R., les avantages « résultant de ce contrat n'ont jamais pu résider que « sur la tête de sa veuve ; — attendu que le mariage inter-« venu entre eux n'a pas modifié cet état de choses, ni les « droits de la veuve R. ; — attendu que l'éventualité, créée « par le contrat d'assurance avant le commencement de « la communauté, n'a pu produire d'effet utile qu'après « la dissolution de cette communauté ; — attendu que la « veuve R. a, d'ailleurs, renoncé régulièrement à cette « communauté, dans laquelle il n'est rien tombé, de ce « chef, dont les créanciers de son mari puissent se pré-« valoir ; — attendu qu'en conséquence, le syndic de la « faillite R. est sans droit pour réclamer une assurance, « qui n'a jamais fait partie de l'actif ni du patrimoine du « failli ... » Il est évident que cette décision a été inspirée par le désir de faire prévaloir l'intention des parties ; mais elle rencontre, en droit, de graves objections, qui ont été développées par M. Levillain, professeur à la Faculté de droit de Bordeaux, dans une note sous l'arrêt (D., *loc. cit.*), et dont voici les deux principales : D'une part, les biens mobiliers, donnés à la future avant le mariage, ne peuvent, en cas de communauté légale, lui rester propres qu'autant que le donateur, par une clause insérée dans le contrat, en a fait la condition de sa libéralité ; or aucune clause de ce genre ne se trouvait dans la police. D'autre part, la circonstance, que l'assurance ne peut produire d'effet utile qu'à la dissolution de la communauté, est sans importance juridique ; il en résulte bien que la créance, dont la femme se trouve investie, est à terme ou conditionnelle, mais elle n'en tombe pas moins dans la communauté, puisqu'il n'est fait, à cet égard, aucune distinction entre les créances pures et simples et celles qui sont affectées de modalités, même celles dont l'exigibilité coïncidera nécessairement avec la dissolution du mariage.

Si l'on admet, d'après ces motifs, que la valeur acquise par le contrat d'assurance est entrée dans l'actif de la communauté, il faut décider, sans aucun doute, qu'en cas de faillite, la femme y est toujours sans droit, soit qu'elle renonce, soit même qu'elle accepte, parce que tous les biens communs forment le gage des créanciers.

3° l'assurance a été contractée par deux époux communs en biens, avec stipulation que l'indemnité serait payable au survivant ; le mari étant mort en état de faillite, à qui appartient l'indemnité ? à la femme ou aux créanciers ?

C'est un contrat fort semblable à la rente viagère constituée avec un bien de communauté, au profit de deux époux, avec clause de réversibilité sur la tête du survivant ; ou encore à la convention insérée dans le contrat de mariage, d'après laquelle toute la communauté appartiendra au survivant. Dans ces trois cas, la solution me paraît devoir être la même. Il n'y a pas libéralité réciproque entre les époux, puisque chacun d'eux, en échange de l'avantage éventuel qu'il confère à son conjoint, reçoit de lui un avantage absolument semblable. C'est un aléa qui est accepté de part et d'autre, et qui est exclusif de toute intention de libéralité. Le législateur l'a déclaré lui-même dans l'article 1525 C. civ., où il décide qu'une convention de cette espèce, quand elle embrasse tous les acquêts de communauté, n'a pas le caractère d'une donation, mais celui d'une simple convention entre associés. Or il n'y a aucune différence, au point de vue de la nature de l'acte, entre la convention faite au moment du mariage, et celle qui est faite depuis. Ce qui détermine le caractère de l'acte, ce n'est pas sa date, c'est l'intention des parties contractantes.

Suivant cette interprétation, si l'on envisage les effets du contrat sous l'empire du droit commun, on doit décider, en cas de prédécès du mari, que la femme acceptante a droit à l'indemnité, avec ou sans récompense des primes (question controversée) ; et que, renonçante, elle n'y a pas droit, puisqu'il s'agit d'un bien de communauté. Dans le cas de faillite, elle n'y a jamais droit, sans qu'il y ait lieu de distinguer si elle accepte ou si elle renonce, attendu que la créance contre l'assureur a été obtenue avec les deniers de la communauté ou du mari.

Si l'on admet, au contraire, que la stipulation renferme deux libéralités réciproques, que les époux se font l'un à l'autre ; que chaque époux a eu, à l'égard de l'autre, une intention libérale ; qu'il a voulu assurer à son conjoint, pour le cas où il survivrait, les ressources pécuniaires, dont ils jouissaient ensemble (voir la note de M. Lyon-Caen sous l'arrêt de Douai, S. 77. 2. 33) ; c'est encore la même solution à laquelle on arrive, en cas de faillite du mari et de survivance de la femme. Mais au lieu de l'article 559, c'est l'article 564 que le syndic doit invoquer, pour mettre à néant la libéralité.

Un arrêt de Douai, du 31 janvier 1876 (D. 76. 2. 121 ; — S. 77. 2. 33) paraît entièrement contraire à la doctrine, que je viens d'exposer ; mais il suffit d'en lire attentivement les motifs, pour voir que la Cour n'a pas eu à se prononcer sur l'application des articles 559 et 564 C. com. Le système du syndic consistait à prétendre que le capital assuré au profit du survivant des époux, faisait partie de l'actif de la communauté, et que la femme renonçante n'y avait par conséquent aucun droit. Ainsi que l'a fait observer M. l'avocat général Bédarride devant la Cour de cassation, lors du pourvoi formé contre cet arrêt, le syndic avait « placé la question uniquement « sur le terrain du droit commun, et non sur celui de la « faillite. » L'arrêt a répondu que « par l'événement « du prédécès de son mari, la femme s'est trouvée in- « vestie d'un droit personnel et exclusif au capital as- « suré, et que l'attribution de ce capital à la femme « n'est pas assujettie à la condition qu'elle acceptera « la communauté. » En droit civil, cette décision me paraît fort contestable, d'après les motifs que j'ai indiqués ; mais la seule chose que je veuille faire remarquer, c'est qu'elle ne vise pas les dispositions de la loi commerciale. Lors du pourvoi, le syndic s'est prévalu de la violation de l'article 559 C. com. La Cour, en rejetant le pourvoi, a écarté, par une fin de non-recevoir, le moyen tiré de cet article : « Attendu que cette revendication, en « tant qu'elle serait appuyée sur l'article 559 C. com., « procéderait d'une cause différente fondée sur l'état « de faillite du mari, non sur les règles qui régissent « la communauté entre les époux..... ; que dès lors le « moyen produit est nouveau, et n'a pu être utilement « proposé pour la première fois en cour de cassation... » (Cass., 28 mars 1877, D. 77. 1. 241 ; — S, 77. 1. 393.) On peut croire, comme l'a fait observer M. le conseiller Demangeat, dans son rapport sur l'affaire Boulard (Req., 2 mars 1881, D. 81, 1. 401), que la décision eût été différente, si le syndic avait songé plutôt à se prévaloir des dispositions particulières du Code de commerce.

En résumé, toutes les fois qu'une assurance sur la vie a été contractée soit par le mari au profit de la femme, soit par les deux époux l'un au profit de l'autre, la femme survivante n'a pas droit, en cas de faillite du mari, au capital assuré, qui appartient à la masse des créanciers. C'est un résultat rigoureux, contraire à l'intention des parties, mais qui me paraît commandé par les dispositions spéciales de la loi de 1838. La créance née du contrat d'assurance est, comme tous les autres biens acquis pendant le mariage, présumée avoir été payée avec les deniers du mari, et ne peut échapper à l'action de ses créanciers.

Est-ce à dire que d'aucune manière la femme d'un commerçant, en prévision d'une faillite et de prédécès du mari, ne puisse s'assurer un capital, qui la mette à l'abri du besoin ? Elle le peut incontestablement, si, n'étant pas femme commune, elle a la jouissance de certains propres ; rien ne s'oppose en effet à ce qu'elle contracte une assurance en son propre nom, dont elle acquittera les primes avec ses deniers personnels. Elle aura seulement à faire la preuve, que les payements ont été faits réellement de ses deniers, pour détruire la présomption légale de l'article 559.

Si elle est commune en biens, sa situation est beaucoup moins avantageuse, parce que l'on n'admet pas que les époux puissent se constituer des propres, avec des deniers tirés de la communauté. Mais, comme il s'agit d'une valeur d'une nature toute spéciale, qui ne doit exister qu'à la dissolution du mariage, la doctrine et la jurisprudence trouveront peut-être une conciliation entre la rigueur du droit et les tempéraments de l'équité, en laissant à la femme le capital assuré, à charge seulement de rembourser les primes payées par le mari.

J'ai examiné toutes les questions que j'ai rencontrées dans les recueils de doctrine et de jurisprudence, et j'ai cherché à en indiquer les meilleures solutions, en m'éclairant de l'opinion des maîtres. Il est possible que des difficultés déjà nées m'aient échappé, que d'autres viennent à surgir dans l'application de la loi de 1838 au règlement des droits de la femme. Je pense qu'on en trouvera facilement la solution, si l'on se pénètre bien de ce double principe, que j'ai tâché de mettre en lumière : d'une part, que la loi commerciale n'ôte rien à la femme de ce qui lui appartient, et de l'autre, que la femme ne doit jamais s'enrichir avec l'argent des créanciers.

La loi l'a placée dans un état de suspicion, en édictant contre elle une présomption de fraude ; mais en même temps elle lui a réservé la faculté de détruire cette présomption par une preuve contraire, et, sauf dans certains cas spéciaux, où elle exige des actes authentiques, elle l'autorise à faire cette preuve par tous les modes du droit commun.

TABLE DES MATIÈRES

DROIT ROMAIN

DROIT FRANÇAIS

POSITIONS

DROIT ROMAIN

I. — Le pérégrin, qui acquiert le droit de cité romaine, encourt la *capitis deminutio*, bien que son état se trouve augmenté par sa qualité de citoyen romain.

II. — Les fonds provinciaux ne sont pas susceptibles de propriété quiritaire, *dominium ex jure Quiritium;* mais d'une sorte de jouissance, qui confère au possesseur à peu près les mêmes avantages que le *dominium*.

III. — Le *jus italicum*, ce privilège en vertu duquel un territoire est réputé situé en Italie, a un caractère plutôt réel que personnel. Il est en général accordé à une cité, et le sol, qui en est investi, est exempt de l'impôt foncier, et devient susceptible de *dominium*.

IV. — Le propriétaire, qui fait rescinder l'*usucapion* accomplie à son préjudice, a, pour recouvrer sa chose, l'action qui lui compétait avant l'expiration du délai de l'*usucapion*. Il n'y a pas d'action Publicienne rescisoire.

V. — Les obligations formées *solo consensu* sont susceptibles de s'éteindre *tempore vel conditione*.

VI. — Pour expliquer la survivance de l'hypothèque à la prescription trentenaire, il n'est pas nécessaire de supposer, que cette prescription laisse subsister une obligation naturelle.

DROIT CIVIL FRANÇAIS

I. — La faculté d'abandon de la mitoyenneté d'un mur, édictée par l'article 656 du Code civil est générale et absolue. En conséquence, l'article 663, relatif à la clôture forcée dans les villes et faubourgs, n'y a pas dérogé.

II. — La nullité de la vente de la chose d'autrui ne peut plus être invoquée par l'acheteur, lorsque, avant l'introduction de l'instance, le vendeur est devenu propriétaire (art. 1599 C. civ.)

III. — La preuve testimoniale des faits d'exécution d'un bail verbal est interdite, comme celle du bail lui-même (art. 1715 et 1716, C. civ.).

IV. — L'époux, contre lequel la séparation de corps a été prononcée, est recevable, après les trois ans révolus, à demander la conversion de la séparation de corps en divorce (art. 310 C. civ. modifié).

DROIT COMMERCIAL

I. — Lorsque la femme d'un failli revendique les immeubles acquis par elle pendant le mariage, la nécessité d'actes authentiques, pour établir l'origine des deniers, n'est pas requise, en dehors des cas prévus par l'article 558 (art. 559 C. com.).

II. — La femme qui produit à la faillite de son mari comme simple créancière chirographaire, n'a pas besoin de justifier de ses créances par des titres ayant date certaine (art. 563 C. com.).

III. — Les tribunaux civils peuvent, en l'absence d'un jugement déclaratif de faillite émané d'un tribunal de commerce, constater l'état de cessation de payements, pour en appliquer les conséquences légales aux contestations, qui leur sont soumises.

IV. — La vente des immeubles d'un failli, qui n'a pas été suivie de la surenchère du dixième dans le délai de quinzaine, n'opère pas purge des hypothèques inscrites (art. 573 C. com.).

DROIT COUTUMIER

I. — La rente constituée a eu d'abord le caractère de rente foncière ; plus tard, quand elle a perdu ce caractère, elle a conservé celui de droit immobilier et celui de propre.

II. — L'origine de la communauté se trouve dans les coutumes germaniques; mais ce qui a surtout contribué à son développement, c'est l'usage des communautés taisibles, au moyen âge, dans la classe roturière.

Vu par le Doyen,
CH. BEUDANT.

Vu par le président de la thèse,
E. GARÇONNET.

Vu et permis d'imprimer :
Le vice-recteur de l'Académie de Paris,
GRÉARD.

8710. — Tours, imp. Rouillé-Ladevèze, rue Chaude, 6.

LIBRAIRIE L. LAROSE & FORCEL

22, RUE SOUFFLOT, 22

OUVRAGES DE DROIT

SCIENCES, ARTS, LITTÉRATURE, ETC.

NEUFS ET D'OCCASION

www.ingramcontent.com/pod-product-compliance
Ingram Content Group UK Ltd.
Pitfield, Milton Keynes, MK11 3LW, UK
UKHW020336230726
13925UKWH00002B/827

9 782014 054286